내가 더 사랑하고 싶어서

그래도 콩깍지

소나무

이 도서의 국립중앙도서관 출판예정도서목록(CIP)은 서지정보유통지원시스템 홈페이지(http://seoji.nl.go.kr)와 국가자료공동목록시스템(http://www.nl.go.kr/kolisnet)에서 이용하실 수 있습니다.(CIP제어번호: CIP2014026479)

추둘란 산문집

내가 더 사랑하고 싶어서

그래도 콩깍지

소나무

민서와 함께 춤을

아이에서 소년으로

오늘 아침에도 민서는 등교 준비를 스스로 잘 했습니다. 교복 셔츠의 단추를 하나하나 채우고 로션을 바르고 안경을 쓰고 빗질을 곱게 하였습니다. 마지막으로 회색 웃옷을 단정히 입고 가방을 메었습니다. 대문을 나서는 민서를 살포시 안고 오늘 하루의 안전과 행복을 위해 기도해 주었습니다.

"엄마, 갔다 올게. 문 잘 잠가야 돼."

변성기를 지난 굵직한 목소리로 민서는 짤막한 인사를 남겼습니다. 학교로 가는 자신보다 집에 혼자 있을 엄마를 더 걱정하는 것 같았습니다. 베란다 창가에 서서 아파트 단지를 빠져나가는 민서를 마저 지켜보았습니다. 초록색 가방을 메고 총총히 학교로 가는 뒷모습이 여느 날보다 씩씩해보였습니다.

민서는 이제 열다섯 살이 되었습니다. 아이에서 소년으로 자라났습니다. 키도 자라고 몸도 자라고 말솜씨도 많이 좋아졌습니다. 어릴 적 장난스러운 모습이 많이 줄어든 대신 남자다움을 뽐내려는 중학교 1학년이 되었습니다.

변하지 않은 게 있다면 다른 사람을 웃게 만들고 행복하게 해주는 재능입니다. 아빠가 저녁 늦게 들어오는 날이면 엄마 대신 냉장고에서 반찬을 꺼내어 식탁을 차려 놓습니다. 그러다 아빠가 오면 들킬세라 방으로 숨어버립니다. 민서가 연출하는 깜짝쇼인데 그 애교가 너무 사랑스러워 온가족이 행복해집니다.

민서는 여전히 춤추는 것을 좋아합니다. 신나는 음악이 나오면 언제 어디서든 댄서로 돌변할 수 있습니다. 춤 실력과 끼를 인정받아 6학년 가을학기 학예회에서는 전교생 앞에서 '젠틀맨' 춤을 홀로 추기도 했습니다.

약한 엄마를 배려하는 마음도 한결같습니다. 엄마가 무거운 물건을 들지 않도록 늘 자기가 먼저 들겠다고 나섭니다. 청소기를 돌려달라고 부탁하거나 이부자리를 개어달라고 해도 선뜻 해줍니다. 방과후 교실에서 빵을 만드는 날에는 아빠, 엄마, 동생이 먹을 것을 꼭 챙겨옵니다.

민서는 동생 민해와 사이좋게 잘 지냅니다. 언젠가 민해 담임선생님이 귀띔을 해주었습니다. 장애아 형을 둔 민해가 스트레스가 있을 터이니 민해만을 위한 여행을 다녀오라고…. 그래서 민해만 데리고 제주도에 갔습니다. 그런데 바닷가에서 한

참 놀던 민해는 오히려 형과 함께 오지 못한 것을 아쉬워했습니다.

"바닷가에서 어떻게 놀아야하는지 가장 잘 아는 사람은 형이야."

그래서 다음에는 온 가족이 함께 제주도에 놀러가기로 약속하였습니다. 아빠와 엄마의 내면을 키워주던 민서는 이제 동생도 또래보다 훨씬 성숙한 아이로 성장시켜주고 있습니다.

그리운 그곳, 홍성

딱 10년 전이었습니다. 홍성에서 네댓 살 된 민서를 키우며 〈콩깍지 사랑〉이라는 제목으로 책을 펴낸 때가…. 시골아낙이 어설프게 쓴 글을, 따뜻한 마음을 가진 소나무출판사가 눈여겨보고 수필집으로 엮어 주었습니다.

지금 생각해도 홍성에 살면서 누린 모든 것은 민서가 건네준 축복이었습니다. 민서 덕분에 어르신들의 사랑을 듬뿍 받으며 13년 동안 마을에 뿌리내리고 살 수 있었습니다. 민서 덕분에 아빠는 전국의 장애인 부모들과 연대하여 장애인운동을 할 수 있었습니다. 민서 덕분에 엄마는 책을 펴낸 작가가 될 수 있었습니다.

민서가 서너 살이었을 때, 10년 후의 민서 모습을 상상해본 적이 있습니다. 하지만 너무 아득한 시간으로 여겨졌습니다. 다운증후군 아이를 먼저 키운 선배 엄마들의 이야기를 들어도 현실감 있게 다가오지 않았습니다. 그런데 10년이 지나, 상상 속의 그 시간을 살고 있는 지금은 반대가 되었습니다. 흘러간 날들을 뒤돌아보니 어린 민서를 키우던 것이 꿈처럼 희미하기만 합니다.

그렇게 희미해지거나 잊히고 말 기억들이 책 속에 고스란히 담겨 있으니 육아일기를 따로 쓰지 않은 저에게는 이 수필집이 평생의 크나큰 선물입니다. 책을 펼쳐 오랜만에 귀염둥이 어린 민서를 만나고 부족하기 이를 데 없는 엄마였던 저를 만났습니다. 분명히 글을 쓴 사람이 저 자신이건만, 마치 열 살 아래 친정 여동생이 부쳐온 편지를 읽는 느낌이었습니다. 그리고 홍성의 산과 들, 논과 밭, 다정한 이웃들, 솔숲을 스치던 바람결, 함께 살던 강아지와 고양이까지 사뭇 그리워졌습니다.

그립다고 말을 하는 이유는 우리 가족이 지금은 홍성에 살지 않기 때문입니다. 민서아빠에게 새 직장이 생겨 두 해 전에 김포로 이사를 왔습니다. 익숙했던 모든 것을 두고 떠나온다는 것은 무척 서운하고 어려운 일이었습니다. 하지만 삶은 우리의 계획대로 움직여지는 것이 아니라 하나님의 큰 섭리 가운데 흐르는 것이라 생각했기에 그 흐름에 따랐습니다.

10년 세월, 변한 것들

책을 읽다 보니 우리 사회도 많이 달라졌다는 것을 느꼈습니다. 지하철에서 자주 만나던 앵벌이도 없어졌고 좋은 복지시설도 많이 생겨났고 학교마다 특수학급이 있어서 장애아들이 일반학교에 다니기도 수월해졌습니다. 다행스러운 일입니다.

남편과 제가 꿈꾸던 다운학교는 발달장애아를 돕는 기관으로 실현되었습니다. 학교라는 이름을 달지는 않았지만, 같은 역할을 하는 치료센터로 세워졌습니다. 2008년 홍성군에 세워진 장애아동 치료센터 '도담도담'이 그것입니다. 남편과 저는 다운증후군 아이들만을 위한 학교를 꿈꾸었으나 다른 영역의 장애를 가진 아이들도 함께 교육받을 수 있는 센터로 꾸려졌습니다. 도담도담에서는 발달장애를 가진 아이들이 언어치료, 심리치료, 근육운동치료, 감각통합치료, 음악치료, 미술치료를 받을 수 있습니다. 이처럼 남편과 저의 마음속에 싹트고 있던 꿈이 현실이 될 수 있었던 것은 장애아를 키우는 많은 부모들이 같은 꿈을 꾸었고 목소리를 모았고 힘을 모았기에 가능했습니다. 장애아의 부모들이 얼마나 큰 사랑을 품고 사는지 함께 일하면서 더욱 깊이 알았습니다. 그동안 만난 모든 장애아의 부모들을 존경합니다.

저에게도 많은 변화가 있었습니다. 장애아의 엄마들은 아이한테 매달려 사회활동을 마음껏 하지 못하는 경우가 종종 있습니다. 그런데 저는 지역사회와 학교가 민서를 잘 품어 주어 다양한 활동을 할 수 있었습니다. 먼저 홍성의 한 고등학교에서 다운증후군 여학생의 학교생활을 도와주는 특수교육보조원으로 일했습니다. 3년 동안 그 일을 하면서 더 많은 영역의 장애아들을 만날 수 있었고 아이들의 마음을 이해할 수 있었습니다. 특수교육을 담당하고 있는 선생님들의 사랑과 수고도 엿볼 수 있었습니다.

그 일을 마친 다음에는 원예치료사 자격증을 따서 장애아들과 치매 어르신들에게 식물모종과 꽃을 들고 가서 봉사했습니다. 내 아이 하나도 감당하지 못해 눈물 흘리던 사람이 더 연약한 영혼들을 섬길 수 있는 축복을 누렸습니다.

지금은 김포에서 사귄 친구들과 마음을 한데 모으고 있습니다. 그이들과 함께 세상에 도움이 되는 좋은 일을 해보려고 새로운 꿈을 꾸고 있습니다.

정이 담긴 밥상에 감사드리며

이 오래된 책을 책장에서 꺼내어 새 옷을 입히고 다시 세상으로 내보내고 싶어 하는 소나무출판사의 식구들에게 감사합니다. 특히 '사람 사는 이야기'라며 눈물을 흘려주신 유재현 사장님께 마음 깊이 감사드립니다. 매번 저의 생각을 세심하게 먼저 살펴준 편집부의 박수희 선생님께 감사합니다. 그리고 미처 제가 보지 못했던 소소한 점들을 눈여겨보고 귀중한 조언을 해준 김포의 류혜란 선생님께도 감사합니다.

오랜만에 소나무출판사를 찾아가서 점심 한 끼를 먹었습니다. 유 사장님이 손수 차려주신 밥상에는 다정함이 담겨 있었습니다. 열심히 일한 장정들도 한 공기밖에 안 먹었는데 놀러간 이 손님이 부끄러움 없이 두 공기를 먹었습니다. 그 보답으로 이 책이 나올 때쯤엔 제가 정성껏 밥상을 차려 소나무출판사 식구들을 초대할까 합니다. 아마도 그 자리에서 흥이 나면 민서는 기꺼이 춤을 출 것입니다. 그날뿐 아니라 앞으로도 민서와 우리 가족, 소나무출판사 식구들이 덩실덩실 춤출 일이 많아지기를 바랍니다.

그리고 두 손을 모아 기도합니다. 모쪼록 이 책이 장애아의 가족과 이웃들에게, 장애아를 가르치는 선생님들에게, 장애아를 품고 사는 우리 사회에 여전히 희망의 메시지를 전해줄 수 있기를…. 아울러 꿈을 꿉니다. 민서가 있어 우리 가정이 행복한 것처럼, 장애인들이 있어 더 아름다운 세상이라고 모든 사람들이 그렇게 말할 수 있는 날이 오기를….

끝으로 이 책을 쓸 수 있도록 우리 가정에 민서를 보내어주신 하나님께 감사합니다. 민서가 건강하고 사랑스럽게 자랄 수 있도록 착한 친구들, 좋은 이웃들, 훌륭한 선생님들을 만나게 해 주신 것과 그 이야기를 세상에 들려줄 수 있는 기회를 주신 것은 하나님의 큰 은혜입니다.

직접 만났든 이 책으로 만났든 민서를 아는 모든 분들, 하늘의 복 많이 받으시기 바랍니다.

2014년 가을, 김포에서

차례

세 번째 콩깍지

내가 부르는 노래가 제맛

첫 번째 콩깍지

천천히 자라서 더 사랑스러운 아이

민서 앞에서는 꼼짝없이 사랑을 표현할 수밖에 없습니다.

전혀 모르고 살았습니다.

제가 아이를 이렇게 사랑하게 될 줄,

민서뿐 아니라 다른 장애아들까지도 말입니다.

새 사람

찔레꽃이 피고 찔레꽃이 지고 아까시꽃이 피고 아까시꽃이 지고 병꽃이 피고 병꽃이 지고 밤꽃이 피고 밤꽃이 집니다. 꽃은 피고 꽃은 지는데, 아무 소리 없어서, 그 자리 그 꽃자리가 하염없이 가볍고 덧없습니다. 사람의 꽃도 한평생 피었다 지고 마는데 저마다 무엇을 향해 속삭이다 외치다 가는 것인지……. 지고 난 꽃잎마저 사라지고 없는 꽃그늘 아래 하릴없이 발걸음이 멈춰지곤 합니다.

또 안 하셨다구요?

찔레 새순같이 갓 피어나는 민해가 태어났습니다. 손가락도 발가락도 새로 피어나고 웃음도 울음도 새로 피어나니 온 집안, 온 마을이 환해집니다.

"요 녀석, 요 녀석, 못생긴 녀석. 깨물어 줄까부다."

"어디 누굴 닮았나? 엄마 닮았나, 아빠 닮았나?"

"장군감일세. 장군감이여."

"어제 다르고 오늘 다르네. 살 오른 것 좀 봐유."

새 사람, 민해를 보는 마을 사람들 얼굴에 참 좋은 웃음이 퍼져 나갑니다. 그 입술에 참 예쁜 말들이 고입니다. 민해는 이렇게 건강하고 예쁜 모습으로 우리 곁에 왔습니다. 감사한 일입니다.

민해를 낳기 전, 산모인 저보다 불안해 했던 사람은 의사였습니다. 도립병원 산부인과 의사와 첫 대면이 있던 날, 우리 두 사람은 두서없이 서로의 입장을 이야기하느라 꽤 긴 시간을 써야 했습니다.

"아기수첩, 갖고 오셨나요?"

"아, 죄송합니다. 병원 올 때 가져와야 한다는 걸 깜빡했네요."

"출산 예정일은 아세요?"

"3월 말로 알고 있어요."

의사가 물으니 대답은 했지만 저의 마음속에는 다른 대답이 떠올랐습니다. '출산 예정일이야 어림잡는 시간일 뿐 아이의 사정이 급하면 빨리 나올 수도 있고 아닐 수도 있는데 그게 그리 중요한가요?'라고……. 하지만 잠자코 의사의 다음 말을 기다렸습니다.

"마지막 월경일은 정확히 기억하세요?"

"그것도 수첩에 있을 텐데……."

"여기서 검사 받은 게 아니었나요?"

"예. 개인병원에서 검사했습니다."

"그럼 지금으로서는 정확히 몇 주인지도 모르시는 거네요."

"그러네요."

"……. 그럼 그동안 병원에 몇 번 다니신 거죠?"

"임신 여부 검사하는 날, 기초 산전 검사하고, 한 번이요."

"그럼 그 밖의 검사는 전혀 안 하신 거네요."

"네."

의사의 눈동자가 좀 커지는가 하더니 입에서 한숨이 새어 나왔습니다. 내친 김에 조금만 더 놀라시라고 제가 덧붙였습니다.

"참고로 첫 애가 다운증후군 장애아이거든요."

"네?"

그 짧은 한마디가 모든 걸 말해 주는 듯했습니다. 의사가 얼마나 놀랐고 불안한지, 또 저를 얼마나 한심하게 여기는지……. 의사는 냉정을 찾으려는 듯, 잠시 입을 다물었습니다. 도대체 이런 산모는 어떻게 상담을 해야 할지 전혀 모르겠다는 표정이었습니다. 저는 그냥 그대로 앉아 있었습니다.

"대체 왜 병원에 안 다니셨죠? 특별한 이유가 있나요? 시간이 없었나요? 돈이 부담되면 차라리 저에게 솔직하게 말씀하셔도 돼요."

산모의 입장, 의사의 입장

돈이라는 말에 잠깐 제 옷차림을 내려다보았습니다. 그 정도로 볼품없이 입고 나왔나 싶어서……. 하지만 어떤 말을 듣는다 하더라도 충분히 버틸 각오가 되어 있던 참이라, 저는 제가 해야 할 말을 마음속으로 조용히 정리하였습니다. 의사는 참지 못하겠는지 또 물었습니다.

"첫 애기 땐 양수 검사 하셨나요?"

"아뇨."

"근데, 이번에 또 안 하셨다구요?"

"네."

"하, 참."

혀를 끌끌 차는 의사, 그리고 두 사람의 대화를 들으며 심상치 않은 분위기를 느꼈는지 말없이 서 있는 간호사. 그들에게 저는 정말 한심하고 태평하고 무식한 임산부임에 틀림없었습니다.

"그럼 뭐, 지금으로선 다음 번 오실 때 아기수첩 확인하는 것밖에는 달리 방법이 없는 거네요."

대화가 원점으로 돌아오고 나서야, 저는 천천히 말문을 열며 민서 이야기를 꺼내었습니다. 준비되지 않은 채 장애아의 엄마가 되었지만 지금 우리 가족은 더할 나위 없이 만족하며 행복하게 산다는 것을 말했습니다. 그리고 행여 한 번 더 장애아를 주신다 해도 이번에는 제대로 준비가 되어 있으니 한 번 더 받아들일 수 있다고 말했습니다.

마음 같아선 더 미루고 있다가 출산 당일 병원에 가려고도 했으나 의사와 충분한 대화 없이는 서로 편안한 출산이 이뤄질 수 없을 것 같아서, 9개월에 접어들어서야 산부인과를 찾았다고 했습니다. 저의 진심이 어느 정도 전해졌는지는 모르지만 의사는 올라갔던 목소리를 가라앉혔습니다. 그리고 산모나 가족의 입장도 있는 것이지만, 의사의 입장도 따로 있는 것이라며 몇 마디를 더 덧붙였습니다.

그럴지도 모릅니다. 요즘 의료사고로 환자와 의사 사이에 불신이 없는 것도 아니고, 의사의 말대로 일어나지 말아야 할 일이 일어나지 않는다는 보장도 없습니다. 그런 경우 대부분의 환자가 앞뒤 가리지 않고 의사에게 모든 책임을 떠넘기기도 합니다.

난감해 하는 의사에게 제가 한마디 덧붙였습니다.

"불안해 하지 마세요. 그런 일이 일어난다 하더라도 그건 하나님의 뜻이지 선생님의 잘못이라고는 하지 않겠습니다."

얼마 전에 자신도 첫 아기를 출산했다는 젊은 의사에게 그런 말까지 하고 있는 제가 참 주제 넘는다는 생각을 하였지만, 어쨌거나 자신의 생각을 잔뜩 쏟아 놓은 다음에야 의사는 마음의 안정을 되찾았습니다.

"그래요. 이번엔 괜찮을 테지요."

제법 긴 대화를 나누고 나자, 의사는 그 한마디로 자신을 위로하며 저를 데리고 초음파실로 들어갔습니다.

의사들이라고 다 알간?

그 후 두 번째 검진 때에는 민서아빠와 함께, 마지막 검진 때에는 민서까지 함께 초음파실로 들어가 새 식구를 보고 나왔습니다. 그날 민서에 대해 별다른 거부감 없이 진료실 문을 열어 준 의사와 간호사가 고마웠습니다. 정말로 걱정하지 않는 저의 모습을 의사는 인정해 준 듯했고, 또 민서의 미소가 의사와 간호사의 날선 마음을 녹였다는 생각도 들었습니다.

그리고 얼마 후 출산……. 민해는 건강했고 출산 과정에도 아무런 문제가 없었습니다.

산달에 접어들도록 병원 검진을 하지 않았다는 이야기를 하면, 의사도 그랬지만 제 또래는 기겁을 합니다. 당연한 것을 하지 않은 매우 특별한 사람으로 바라봅니다. 먹는 것 나쁘고 환경도 좋지 않은 이 세상에 아이가 어떻게 될지 모르는데, 제때 검진을 안 했다는 말은 있을 수 없다고 쐐기를 박습니다. 하지만 마을의 아주머니, 할머니들은 다릅니다.

"그려. 꼬박꼬박 안 다녀두 되여. 옛날에 병원이 워딨어?"

그리고 그 말끝에 당신들의 몸 푼 이야기와 사흘 만에 산후조리 끝내고 밭으로 달려 나갔다는 무용담을 줄줄이 꺼내 놓으시곤 합니다.

그랬을 것입니다. 그 시절엔 그렇게 병원 생각을 안 해도 되었을 것입니다. 깨끗한 음식과 맑은 하늘과 순한 바람이 배 속의 아이에게 얼마나 좋은 기운을 전해 주었겠습니까? 그러나 지금은 걱정 없이 아이를 출산하기에는 모든 것이 너무 나쁘게 변했습니다. 그런 환경에서 아이를 지키자니 의지하는 것은 의사와 병원뿐일 것입니다.

그런 사실을 알면서도 제가 이 정도로 대책 없이 출산을 준비한 까닭은 사람의 일이 사실은 사람의 일이 아니란 걸 알기 때문입니다. 특히 새 생명의 경우, 하나님이 각 가정에 가장 어울리는 천사를 고르고 골라서 주신다고 믿기 때문입니다. 지금 집집마다 자라나고 있는 아이들이 그렇게 고르고 골라 주신 천사들일 것입니다.

아들인지 딸인지 물어 오는 사람도 많았습니다. 산달쯤엔 의사들도 가르쳐 주더라며 넌지시 물어보지 그랬냐는 사람도 있었습니다. 하지만, 저는 물어보지 않았습니다. 아들인지 딸인지 출산 순간에 알게 되는 그 기쁨을 놓치고 싶지 않았기 때문입니다.

미리 아들인지 딸인지 가늠해 보는 방법도 참 많았습니다. 배 모양을 보니, 옷 입은 태를 보니, 몸 가벼운 걸 보니, 고기 안 먹는 걸 보니, 생쌀 씹는 걸 보니, 힘들어 하는 걸 보니, 걸음걸이를 보니……. 임신 초기부터 출산 때까지 저는 갖가지 설명을 다 들었습니다. 그래도 끝내 결론은 하나.

"의사들이라고 다 알간? 낳아 봐야 알지."

어버이의 이름으로

마을 할머니 한 분이 민해의 손을 만지작거리며 물어봅니다.

"민해야, 우리 아가. 너는 어디서 왔느냐?"

할머니의 손은 거칠고 투박합니다. 팔십 년 세월 이 세상의 것을 만져 본 손입니다. 민해의 손은 작고 야들야들합니다. 앞으로 팔십 년 세월 세상의 것을 만져 보게 될 손입니다. 두 사람의 손을 보고 있자니 삶의 두 끄트머리를 함께 보는 듯합니다. 그래서인지 할머니 물음이 마음에 다가와 걸립니다. 민해는 어디서 왔으며, 나는 어디서 왔으며, 할머니는 어디서 왔는지……. 그리고 우리는 어디로 가는지…….

여름 햇살이 서둘러 종이 창호를 두드리는 새벽녘, 아직 달게 자고 있는 민서와 민해 두 녀석을 바라보며 생각에 들곤 합니다. 두 아이의 엄마가 되고 나니 생각은 많아졌으되 여전히 엉성하고 서툴게 아이들을 기르고 있는 저를 보게 됩니다. 그것을 아는지 모르는지 두 녀석은 마냥 저에게 기대어 옵니다. 모든 것을 다 채워 줄 사람으로 믿고 있는 그 눈빛이 너무 맑습니다. 가슴이 짠해집니다. 민서만 한, 민해만 한 우리 남매를 바라보던 친정 부모님도 그런 심정이었을까 싶습니다.

민해가 태어나자 친정 부모님이 우리 집에 오셨습니다. 예닐곱 시간이 걸리는 먼 길을 아버지가 손수 운전을 하여 오셨습니다. 통영에서 나는 해산물을 아이스박스에 꽉꽉 채우고 푹 고은 가물치즙을 출렁거리며…….

아버지는 민해 얼굴을 잠시 들여다보고, 점심 숟가락을 놓자마자 일어났습니다. 급한 볼일이 있어 다시 그 먼 길을 되돌아가신다 하였습니다. 운전해 피곤하시니 잠시 눈이라도 붙였다 가시라 해도 기어이 일어나셨습니다. 산모에게 찬바람이 해롭다며 배웅도 못하게 하니, 하릴없이 현관 문틈 사이로 아버지가 차를 돌리는 모습을 바라보았습니다.

"둘란아, 간다. 잘해라."

아버지의 당부였습니다. 무엇을, 어떻게 잘하라는 것인지 세세하게 일러 주지도 않으셨는데 그 당부가 자꾸자꾸 마음에 걸렸습니다.

산후조리를 하는 내내 어머니는 온 집안을 발칵 뒤집어 놓았습니다. 오던 날부터 잠시도 쉬지 않고 청소와 빨래를 해대기 시작했습니다.

"애들 키우며 니가 언제 이거 다 해놓것노. 내가 해놓고 가모 한동안은 니가 편할기다."

그러시면서 민해의 기저귀와 민서의 옷을 빠는 것은 물론이요 냉장고 청소, 화장실 청소, 싱크대 정리, 마루 정리, 봄여름 겨울 이불과 베개까지 죄다 꺼내어 호청을 뜯어내고 삶고 다리고 다시 꿰매었습니다. 하지 않아도 된다고 말씀 드렸건만 한사코 그렇게 하셨습니다.

"민서하고 다르네. 손발이 크고 길다. 힘도 좋고 쑥쑥 잘 크겠다. 아가, 민해야. 먹고 자고 먹고 자고, 엄마 편하게 해주거라이."

기저귀를 갈 때마다 혼잣말처럼 되뇌던 어머니의 넋두리. 민서를 키우며 딸이 받았을 마음의 상처와 어머니 당신의 상처를 그렇게 넋두리를 되뇌며 쓰다듬고 있는 듯했습니다.

산후조리가 끝나고 어머니는 통영으로 내려가셨고, 곧 어버이날 찾아뵈리라 생각했던 우리 식구는 통영에 내려가지 못했습니다. 한 달 뒤, 아버지 생신 때도 내려가지 못했습니다. 민해가 그동안 얼마나 잘 자랐는지 보여드리고 싶은데……. 어눌하긴 해도 "이리와 봐" "싫어요" "물!"을 발음하는 민서를 보여드리고 싶은데…….

어머니가 깨끗하게 빨아 놓은 이부자리에 민서와 민해를 눕히면 고향과 부모님을 향한 그리움이 밀물처럼 밀려오곤 합니다. 통영 바다의 그 맑고 잔잔한 물결이 찰싹찰싹 아이들 머리맡으로 밀려들곤 합니다.

꽃보다 아름다운 마음

요즘 우리 집에 도둑고양이 한 마리가 들어옵니다. 집 주위를 돌아다니는 것을 보고 마당에 밥을 놓아두었더니 끼니때마다 들어와 기다리곤 합니다. 노란색 암컷인데 지난겨울에 새끼를 뱄는지 몸이 둔하더니 얼마 전에 몸이 가벼워져 있었습니다. 내줄 생선가시가 없으면 멸치 몇 마리라도 부수어 얹어 줍니다. 한날 짐승이라도 새끼를 낳아 기르는 그 마음을 알겠기에. 어버이 된 마음을 아주 조금 알겠기에…….

눈을 들어 먼 곳을 바라보면 꽃이 피고 또 꽃이 집니다. 그 모습 바라보며 낱말 하나를 되뇌어 봅니다. 피고 지는 꽃보다 아름다운 이름, 뭐든지 다해 줄 수는 없지만 뭐든지 다해 주는 마음. 어버이.

천천히 자라는 아이

낯선 사람 빤히 쳐다보기, 아는 사람 보고 웃거나 손 흔들기, 손 박수 발 박수 동시에 하기, 잽싸게 엄마 머리카락 잡아당기기, 드러누운 자세에서 머리를 중심으로 360도 돌기, 자기 전에 알아들을 수 없는 노래하기, 엄마 손 잡고 짝짜꿍 해주기, 밥 먹다가 푸푸 내뱉기, 전화선 잡아당기기, 엄마가 방 닦을 때 따라다니며 걸레 관찰하기, 기저귀 갈 때마다 반대 방향으로 몸 뒤집으며 장난하기…….

민서가 잘하는 것을 적어 보니 이렇게나 많습니다. 귀엽고 사랑스러운 아기, 민서 이야기를 할까요? 민서는 21번 염색체가 하나 더 많은 다운증후군 아기입니다.

양수 검사 안 하셨죠?

민서를 가졌을 때, 의사 선생님은 아기가 기형일 확률이 높으니 양수 검사를 하자고 했습니다. 하지만 저는 하지 않았습니다. 그리고 민서를 낳았습니다. 그날 아침, 의사는 다른 산모와 함께 회복실에 누워 있는 저를 보며 큰 소리로 말했습니다. "아이가 염색체 이상이 의심되니 검사를 한번 받아보시죠."

그리고 덧붙였습니다. "제가 그때 양수 검사하자고 했는데, 안 하셨죠?" 마치 의사의 말을 안 듣고 고집 피운 걸 탓하기라도 하듯, 아니면 다른 산모에게 은근히 양수 검사의 필요성을 확인하려는 듯 힘주어 말했습니다.

그때 이후로 저는 병원에서 이런저런 상처를 더 받아야만 했습니다. 다운증후군에 대해 산부인과 의사한테서 제일 먼저 들은 이야기는 아이가 스무 살 이상은 살지 못한다는 것이었습니다. 그것이 잘못된 정보임을 나중에 다운센터에 물어보고 나서야 알았지만, 어쨌거나 아이가 장애아라는 것도 받아들일 수 없는 충격이었는데, 얼마 살지 못한다는 것은 이루 말할 수 없는 절망을 안겨 주었습니다.

그래서인지 그 즈음에는 무슨 말을 들어도 상처가 되었습니다. 어쩌면 의사 선생님이 주지 않은 상처까지 받았는지도 모릅니다. 예방 주사를 맞기 위해 들른 소아과에서 "우리 아이는 다운증후군입니다"라고 얘기하는 순간부터 저는 이미 상처받을 준비를 하고 있었습니다. 다른 아기를 안고 온 엄마들이 민서를 보고 순해서 좋겠다고 하면, 순하지 않아도 좋으니 비장애아였으면 좋겠다고 속으로 되뇌곤 했습니다.

집에서 바라보는 민서는 예뻤습니다. 젖을 먹는 것도, 하품을 하는 것도, 똥을 누느라 힘을 주는 것도, 두 팔을 한껏 벌린 채 날아가는 모습으로 자는 것도 예뻤습니다. 그런데 소아과에만 데려가면, 다른 아기와 다르다는 것이 눈으로 확인되니, 다른 아기들을 바라보는 것도 민서를 바라보는 것도 힘이 들었습니다. 다운증후군이라는 다섯 음절을 말하는 일이 온몸에 힘이 다 빠질 만큼 어려운 일인 줄 아는 사람이 얼마나 되겠습니까?

민서를 낳은 지 한 달이 채 안 되었을 때, 지금 생각해 보면 참 어이없는 일이 있었습니다. 민서의 핏기 없는 창백한 얼굴 때문에 빈혈인가 싶어 병원을 찾았습니다. 의사 선생님은 민서의 미간과 손금과 발가락과 목뼈와, 팔다리의 근육과 숨소리까지 빠짐없이 관찰하였습니다. 민서가 비장애아였다면, '참 꼼꼼하게 검진하는구나' 생각했을 것을, 그 젊은 의사 선생님을 바라보는 제 마음은 그렇지 못했습니다. 갓 태어난 다운증후군 아이는 처음 보는 듯했고, 빈혈 검진은 뒷전이고 책에서 배운 증상들을 하나하나 확인하려는 듯했습니다. 아무것도 모르는 아이를 이리저리 돌려가며 살펴보는 손길이 마치 실험용 동물을 다루는 듯 여겨졌습니다.

그 상황에서 저는, 이미 다운증후군 판정은 받았으며 궁금한 것은 빈혈이라는 것을 이야기할 힘이 나지 않았습니다. 이미 인터넷을 찾아보거나 다운센터에 물어보아 알고 있던 사실만 지루하게 듣고서 병원 문을 나섰습니다. 제가 너무 절망 깊은 얼굴을 하고 있었기에, 의사 선생님은 저를 위로해 주려는 마음이 커서 빈혈에 대한 것을 잠깐 잊어버렸는지도 모릅니다. 하지만 저는 그 자리가 너무 힘들고 괴로워서 얼른 피하고만 싶었습니다.

지금은 처음 보는 사람에게 민서에 대해 솔직히 말하거나 태어날 때부터 아픈 데가 있다는 정도로 말합니다. 부끄럽거나 괴로워하며 말하는 것이 아니라, "우리 애가 감기에 걸렸어요"라고 말하듯이 쉽게, 아무렇지 않게 말할 정도가 되었습니다. 그런데 이 정도가 되기까지 우리 부부가 한 일은 별로 없었습니다. 우리가 겪는 어려움을 알기라도 하듯 민서가 오히려 하루하루 예쁘고 기특한 짓으로 우리를 위로해 주었습니다. 방긋방긋 웃는 민서의 얼굴에서 기쁨과 희망과 용기를 찾게 된 것입니다.

단 한 가지 이유

누구에게나 아기가 태어나면 가족의 생활이 달라지게 마련입니다. 우리 부부는 특별한 아기로 인해 좀 더 큰 변화를 겪었습니다. 민서를 가졌을 때 남편은 교원임용시험 준비를 위해 서울의 학원에 오가고 있었습니다. 결혼 전 건설 현장에서 용접

공으로 일해 번 돈으로 민속 주점을 차렸으나, 건물 주인의 부도로 몇 푼 건지지 못한 채 가게를 막 정리한 뒤였습니다. 대학을 졸업하고 10년 남짓, 교사만큼은 하지 않겠다고 버티던 남편이 정말 큰맘 먹고 한 결심이었습니다. 가족들도 저도 대찬성이었습니다. 섬 마을이나 산골 마을의 역사 선생님이 되어 아이들과 함께 뛰노는 남편을 상상하는 것이 그렇게 행복할 수 없었습니다. 선생님이 되면 착실히 돈을 모아, 외로운 노인들을 위한 집을 지어 그분들을 모시자는 계획도 세웠습니다.

그러나 그것은 우리 부부가 갈 길이 아니었습니다. 민서가 태어나자마자 남편은 서울에 가는 것부터 포기했습니다. 산부인과를 퇴원한 그날부터 민서는 황달을 심하게 또 오랫동안 앓았기에 천안에 있는 큰 대학 병원에 입원해야 했습니다. 충격으로 몸이 쉽게 회복되지 않는 저를 두고, 또 입원해 있는 아이를 두고 남편은 차마 서울에 갈 수 없었습니다.

저는 산후조리원에서 기계로 젖을 짜내 그것을 젖병에 담아 얼렸고, 남편은 천안으로 매일같이 젖병을 날랐습니다. 밤이면 산후조리원 좁다란 방에서 저는 마음속으로 하늘을 향해 원망의 소리를 외쳐댔습니다.

'그러면 안 됩니다. 우리가 큰 욕심을 낸 것도 아니요, 시골 학교 선생님이 되어 아이들을 가르치며 살고 싶은데, 이렇게 불행을 주셨으니 이제 우리는 어떡하라구요. 서른아홉 살에

늦둥이를 낳아도 비장애아이던데 저는 그보다 더 젊습니다. 왜 하필 저인가요?'

바로 그즈음이었습니다. 우리 부부에게 큰 선택을 해야 할 일이 생겼습니다. 홍성의 환경농업교육관에서 사람을 구한다는 소식을 들었습니다. 교사 시험을 볼 것이냐, 홍성으로 갈 것이냐의 갈림길에 섰을 때 그 기준은 민서였습니다. 교사 시험을 봐서 선생님이 되면 큰 도시로 나가 민서를 좋은 교육기관에서 치료하고 가르칠 수 있을 터였습니다. 그러나 우리는 다른 길을 택했습니다. 다른 것 생각하지 말고, 깨끗하고 좋은 환경에서 민서를 키우자는 단 한 가지 이유였습니다.

겨우 1년 정도 되었지만, 우리의 선택은 그르지 않았다고 생각합니다. 좋은 환경에다 덤으로 좋은 사람들을 얻었기 때문입니다. 이곳의 사람들, 특히 할머니들은 민서를 있는 그대로 받아 줍니다. 천천히 자라는 것을 알고 또 민서가 할 수 있는 것보다는 할 수 없는 것이 더 많은데도, 할 수 있는 것들을 눈여겨보고 함께 좋아해 줍니다.

모르긴 몰라도 도시였다면 사정은 달랐을 것입니다. 낯선 사람들이 가득한 도시, 그들에게 늘 민서를 설명해야 하고 그들은 그들대로 저와 민서를 위로하려 들었을 것입니다. 하지만 어설픈 위로는 장애인이 비장애인과 다르다는 차별 의식에서 나오는 것이요, 지나치게 불쌍히 여기는 마음에서 나오는 것일 수도 있어서 오히려 상처가 될 수 있습니다. 우리도 참 많은 위로를 받았습니다. 그 많은 위로와 염려를 진심으로 고맙게 받았습니다만, 이젠 우리가 비장애인들을 위로해 줄 만큼 민서 덕분에 깨닫게 된 축복이 더 많습니다.

소중한 사람들

민서를 키우며 가장 크게 깨달은 것은 무엇보다도 주위 사람들의 사랑과 마음이었습니다. 우선은 제 곁에 소중한 친구들이 있다는 것을 새롭게 알게 되었습니다. 몇몇 친구들에게 민서 얘기를 했을 때, 그들도 큰 충격을 받았습니다. 가슴이 쿵 내려앉아 며칠간 일이 손에 잡히지 않았다는 친구가 있었고, 흰 뱀이나 네잎 클로버 같은 자연 돌연변이에 대해 얘기하며 죄의식을 갖지 말라고 얘기해 준 친구도 있었습니다. 또 장애인 아들을 작곡가로 키운 노벨 문학상 수상자 오에 겐자부로의 자서전을 추천해 준 친구도 있었고, 민서에게는 그 어떤 좋은 것과도 견줄 수 없는, 너희 같은 부모가 있지 않냐고 격려해 준 친구도 있었습니다. 친구들의 마음을 헤아리니 그렇게 고마울 수가 없었습니다. 만약 우리의 입장이 거꾸로 되었더라면 나는 그 친구에게 그만큼의 마음을 써 줄 수 없었을 것입니다.

친구들뿐만이 아닙니다. 가족의 화목도 얻었습니다. 민서가 다운증후군이라는 것을 처음엔 가족들에게 숨겼습니다. 남편과 제가 받은 충격이 너무 컸기에 가족들도 그러리란 생각이 들었기 때문입니다. 용기가 없어 자꾸만 얘기할 기회를 놓치다가 친가엔 백일 즈음에, 외가엔 돌이 되어서야 얘기를 꺼냈습니다. 그런데 뜻밖에도 모든 식구들이 담담히 받아들였습니다. 물론 가족들도 보이지 않는 곳에서 충격을 이겨내느라 나름대로 안간힘을 썼을 것입니다. 그래도 누가 먼저랄 것 없이 온 가족이 민서를 예뻐합니다. 더욱이 할머니의 사랑은 얼마나 극진한지 모릅니다. 언젠가 시어머니와 함께 새벽 기도를 간 적이 있습니다. 시어머니는 관절이 좋지 않습니다. 그 몸으로 시퍼런 겨울 새벽에 저와 함께 30분을 걸어가 기도를 했습니다. 업히기를 끝내 거절하였지만, 만약 원했다면 저는 시어머니를 업고 그 길을 갔을 것입니다. 그 새벽, 우리의 목소리는 달랐으나 기도의 내용은 같았을 것입니다. 할머니의 그런 기도를 받는 손자가 이 세상에 흔하지는 않을 것입니다. 그처럼 민서는 우리 곁의 사람들을 다시 보게 해주었고 사람들의 마음을 읽을 수 있게 해주었습니다.

뭐 이득 되는 것이 있나?

민서는 6개월 되었을 때 장애 등록을 했습니다. 정신지체 2급입니다. 그런데 2급이라는 수치가 민서의 몸과 마음 상태를 어떻게 설명하는 것인지 저는 잘 모르겠습니다. 다만, 장애 판정을 받던 과정이 너무 뜻밖이라 지금도 씁쓸한 기억으로 남아 있습니다.

장애 판정 확인서는 병원에서 받았습니다. 민서는 염색체 검사를 했기 때문에, 그런 검사처럼 아이의 발육 상태를 이런저런 의료 기구를 써서 판정하는 줄 알았습니다. 그런데 그것은 완전한 착각이었습니다. 소아과도, 재활의학과도 아닌 정신과에서, 간단한 설문 조사와 의사 선생님의 눈으로 몇 분 만에 결정되었습니다.

먼저 몇 가지 설문 조사를 받았는데, 우리의 대답은 거의 대부분이 "아니오"였습니다. 알고 보니 판정을 받으러 온 아이 가운데 민서가 가장 어리다고 하였습니다. 대체 다른 아이들은 언제쯤 판정을 받는지 궁금했습니다.

놀랄 일은 거기서 끝나지 않았습니다. 담당 의사 선생님 앞에서 우리는 눈이 동그래졌습니다.

"왜 판정을 받으려 하지? 이걸 하면 뭐 이득 되는 것이 있나?"

희끗한 머리칼의 의사 선생님이 맨 처음 한 질문이었습니다. 그 말투는 몰라서 묻는 것이 아니라, 마치 어떤 혜택을 받기 위해 아이를 이용한다는 비아냥이 섞인 것이었습니다. 한 명이라도 더 장애인으로 등록할수록, 사회를 향하여 장애인들의 목소리를 높일 수 있고, 또 법의 배려도 더 마련할 수 있을 것이라고 생각했던 우리 부부는 의사 선생님의 그 말이 오래도록 마음에 걸렸습니다.

민서는 2년 뒤에 재판정을 받아야 합니다. 그때는 또 어떤 질문에 답변을 해야 하고, 어떤 등급이 나올지 모르겠습니다.

천천히, 중심을 잘 잡고

민서는 돌을 막 지냈지만, 여느 아이들과 달리 아직 서지 못합니다. 벽에 기대 놓으면 일 분 정도 서 있을 수 있고, 혼자 힘으로는 좀 흔들대면서, 일 분 정도 앉아 있을 수 있습니다. 그러나 우리 부부에겐 민서가 자라나는 속도가 정상입니다. 다른 아이들이 좀 급하게 자라는 것뿐입니다.

우리 부부는 민서가 늦되다고 생각지 않습니다. 다만 천천히 자란다고 생각합니다. 천천히 자라면 좋은 점이 있습니다. 귀엽고 앙증맞은 모습을 좀 더 오랫동안 지켜볼 수 있고, 자라는 모습 하나하나를 더 유심히 지켜볼 수 있습니다.

빨리, 그리고 크게 자라지 않는다 하더라도 민서는 민서의 속도대로 자라나, 이 사회의 한 사람으로 살아가게 될 것입니다. 저는, 민서가 장애인이라고 해서 넘치는 보호에 익숙해지지 않기를, 그렇다고 터무니없는 차별에 주눅 들지 않고 살기를 바랍니다. 그러기 위해선 민서 스스로 자신의 자리에서 중심을 잘 잡아야 할 것입니다.

세상에서 중심을 잘 잡고 산다는 것은 장애와 비장애를 떠나, 빈부를 떠나, 나이와 학식과 연륜을 떠나 누구에게든 쉽지 않은 일입니다. 부귀영화를 누리다가 중심 한번 놓쳐서 하루아침에 모든 것을 다 잃는 사람들을 보면 알 수 있습니다. 민서가 자신의 자리에서 중심을 잘 잡고 사는 것을 보며 누군가 희망을 가질 수 있고 그 삶에 힘을 얻을 수 있다면 더할 나위 없이 좋겠습니다. 그때쯤이면 하나님이 민서를 세상에 보내신 까닭과 그 계획을 알 수 있을 것입니다.

민서를 낳은 지 삼칠일 만에 친정으로 갈 때였습니다. 세상이 온통 먹빛이던 그때, 저는 차창으로 스치는 코스모스를 보고 울면서 생각했습니다.

'우리는 이렇게 불행해졌는데, 앞으로도 행복해질 날이 없을 것 같은데, 저 꽃들은 왜 저리 아름다울까?'

하지만 지금은 아닙니다. 종종 민서를 업고 나와 세상의 꽃들을 함께 보곤 합니다. 꽃들……. 저토록 작고 여린 것들이 '걸을 수 없고 말할 수 없고 글을 쓸 수 없어도' 세상에 얼마나 소중한 아름다움을 전해 주고 있는지를 민서와 함께 보는 것입니다.

콩깍지 사랑

민서는 외가가 경남 통영입니다. 세 식구가 길을 나서자면 쉬이 갈 수 있는 거리가 아니라서 일 년에 고작 두어 번밖에 가지 못합니다. 충청도 평야에서 경상도 바닷가 끝까지, 긴긴 추억과 설렘을 안고 갑니다. 민서가 세상에 태어나 삼칠일을 막 지냈을 때, 그러니까 태어나 맨 처음으로 외가에 가던 날은, 산모 걱정에 갓난쟁이 걱정에 쉬엄쉬엄 가다 보니 무려 열두 시간이 걸리기도 했습니다.

지금은 새 고속도로가 놓여 편하고 빠르게 가게 되었지만 여전히 멀고 먼 외가 가는 길. 그래도 차 타는 걸 좋아하는 민서는 신나고 재미있어 합니다. 우리 차 옆으로 큰 화물차가 지나가면 손으로 가리키기도 하고, 휴게소에 들르면 크게 틀어 둔 노랫소리에 손뼉을 치며 춤을 추기도 합니다.

민서를 데리고 친정에 갈 때마다 제 마음은 두 갈래입니다. 친정 부모님을 뵙고 민서의 재롱을 보여드리고 어머니가 해주신 밥과 싱싱한 생선을 먹을 수 있다는 설렘이 한 갈래 마음이라면, 여전히 민서 때문에 마음 아파하실까 염려되는 것이 또 한 갈래 마음입니다.

'이번에는 어떤 얼굴로 민서를 바라보실까, 예전보다 여물어진 모습을 보고 대견해 하실까, 두 살배기 정도로 보이는 작은 몸을 보고 측은해 하실까, 여전히 엄마 아빠를 부르지 않는 걸 보고 걱정하실까…….'

부질없는 줄 알면서도 머릿속에는 자꾸만 걱정과 염려가 쌓입니다.

시간은 좀 걸리겠지만

친정 부모님은 둘째딸을 늘 자랑스럽게 생각하였습니다. 삼남매 가운데서 공부를 제일 잘했고 또 많이 했기에 기대가 컸습니다. 한때 서울에서 직장 생활도 무던히 해내는 모습을 보며 적이 안심했으나 어느 날 느닷없이, 낯선 땅 충청도로 시집가겠다는 말에 놀라움을 감추지 못했습니다. 더욱이 신랑감이 사범대를 나왔다고 들었는데, 학교 선생님이 아니라 민속 주점 주인이라 하니 충격은 더 컸습니다. 다행히 결혼하고 나서 다시 교원임용시험에 도전하겠다 하여 한시름 놓았나 싶었는데, 열심히 시험공부 하던 사람이 어느 날 갑자기 시험을 포기한다고 말했으니 한 번 더 놀랐을 것입니다.

남편이 시험을 포기한 건 민서 때문이었습니다. 태어나자마자 받아야 할 검사와 치료가 너무 많았던 탓에 마음 놓고 공부할 여건이 되지 않았습니다. 그때는 친가나 외가 어느 쪽에도 민서에 대해 솔직하게 말하지 않고 있었습니다. 부모님께 우리가 겪은 고통을 똑같이 겪게 할 수 없었기 때문에 모든 충격과 고통은 고스란히 남편과 제 몫이었습니다. 하루하루 버티는 게 힘들 정도였으므로, 학교 선생님이 되고 안 되고의 문제는 그다음의 것이었습니다.

삼칠일 동안을 그렇게 혼란스럽게 보내고 애써 아무렇지 않은 척하며 나선 첫 외가 나들이. 그런데, 민서를 처음 품에 안아 본 친정 부모님은 아무 말씀도 안 했습니다. 아이가 잘 생겼다거나 아빠를 닮았다거나, 흔하디흔한 그런 말조차 하지 않았습니다. 창백한 얼굴에 힘없이 축축 처지기만 하고 잠만 자는 아이, 젖을 제 힘으로 빨지 못해 기계로 짜서 젖병에 물려 주어야 겨우 먹는 아이, 작고 가벼운 몸과 짤막한 손발, 휘어져 있는 검지 발가락, 언제나 퉁퉁 부어 있는 눈자위……. 그런 아이를 보고 참담해 하는 부모님에게 저는 자세한 것을 말씀드릴 수가 없었습니다.

"병원에서는 뭐라 하더노?"

"뭐, 워낙 약해서……."

저는 힘없이 변명만 늘어놓았습니다.

나중에 민서가 뒤뚱거리며 걷게 되었을 때 외숙모한테서 들은 애기입니다.

"느 엄마가 민서 삼칠일에 왔을 때, 못 걸어 다닐 거라고, 사람 구실 못할 거라고 걱정을 해쌓고, 태산같이 걱정해 쌓더니, 이젠 됐다, 이리 잘 걸으니, 이만해도 양반이네."

그동안의 친정어머니 마음고생이 어떠할지 짐작은 했지만, 막상 외숙모의 말을 들었을 때는 마음 한쪽이 무너져 내리는 것 같았습니다. 부모 마음 놀라게 하고 멀리멀리 시집갔으면 떡두꺼비 같은 아들 낳아 남부럽지 않게 살아야 마땅할 터인데……. 그런 속말을 차마 입 밖에 내지 못한 부모님, 또 그 모든 걸 눈치 채면서도 있는 그대로 말씀드리지 못했던 딸, 서로 괴롭고 힘들기는 마찬가지였을 겁니다.

그때 모든 걸 말씀드리지 않았던 것은 남편과 제가 붙잡고 있던 한 가지 희망 때문이었습니다. 우리가 찾아본 다운증후군에 대한 정보 가운데에는 우리를 절망에 빠트릴 만한 것도 적지 않았습니다. 하지만, 좋은 치료와 교육을 받으면 재활이 가능하고 건강한 사회생활이 가능하다는 그 한 문구를 우리는 놓치지 않고 강하게 붙잡았습니다.

다운증후군 아이들이 대체적으로 어떠하다느니 하는 선입견은 민서에게나 우리에게나 부모님에게 별 도움이 되지 않으리라 생각했습니다. 그리고 틀림없이 민서는 튼튼하게 자라나 우리와 부모님을 기쁘게 해줄 수 있을 거라는 믿음이 있었습니다. 어디서 그런 믿음이 나왔는지는 모르겠으나, 이상하게도 남편과 저는 그 믿음을 확실하게 갖고 있었습니다. 시간은 좀 걸리겠지만, 또 그 시간 동안 답답하고 힘들겠지만, 민서는 튼튼하게 자라날 것이고 그 모습을 직접 눈으로 보고 나면 부모님의 걱정은 자연스럽게 사라지게 될 것이라고 믿었습니다. 다행히 그 믿음대로 지금까지 민서는 건강하고 밝게 잘 자라고 있습니다.

그리고 남편과 제가 약하디약한 갓난쟁이 민서의 모습을 거의 잊어 가는 것처럼, 친정 부모님의 얼굴에서도 민서에 대한 걱정의 그림자는 조금씩 사라지고 있습니다. 어설퍼도 스스로 숟가락질을 하고, 혼자 세수를 하고, '쉬' 하자고 하면 제 발로 화장실에 가고, 밥을 먹고 나면 그릇을 개수대에 갖다 놓는 민서를 보면서, 친정어머니는 다행이라는 듯 말씀합니다.

"마음속에 생각은 다 있는기라. 이제 말만 하모 되겄는데."

민서가 걷지 못했을 땐, 걷는 것이 소망이었듯이 지금은 말을 하지 못하니, 말하는 것이 소망입니다. 그리고 말을 배워 재잘재잘 떠들게 될 즈음엔, 또 다른 소망을 갖게 될 것입니다. 저는 민서가 외할아버지, 외할머니에게 그런 소망을 자꾸만 갖게 해줬으면 좋겠습니다. 작은 소망을 갖고 그 소망이 하나하나 이뤄지는 걸 보고, 결국에는 왜 하나님이 우리에게 민서를 주셨는지 그 까닭까지 친정 부모님이 다 이해를 하였으면 좋겠습니다. 그래서 민서를 안쓰러워하는 것이 아니라 자랑스러워하고, 그런 민서의 엄마 아빠로 당신들의 딸과 사위가 선택된 것에 대해 기뻐하였으면 좋겠습니다. 그런 날은 빨리 오지 않겠지만, 민서가 천천히 자라는 것처럼 시나브로 부모님의 마음도 바꾸어 놓을 것입니다.

사랑을 볼 줄 아는 아이

식구가 별로 없는 친정에 비해 시댁은 식구가 많습니다. 민서에게는 큰아버지가 넷, 큰어머니가 넷, 사촌 형이 셋, 사촌 누나가 셋, 사촌 동생이 하나 있습니다. 명절날 온 식구가 다 모이면 법석을 떠는 사촌 형들 때문에 민서 할머니의 목소리는 더 커지고 더 올라가곤 합니다. 그 난리법석 가운데서 점잖게 행동하는 민서는 모두의 사랑을 독차지하게 마련입니다, 밥을 먹고 상을 물릴 때, 큰어머니들이 밥상을 들고 개수대 쪽으로 옮기려 하면 굳이 자기도 돕겠다며 상 끄트머리를 잡습니다. 빈 그릇을 큰어머니들에게 건네줄 줄도 압니다.

민서의 장기 가운데 하나는 누구의 등허리이든 달려가서 배와 팔을 착 달라붙이는 것입니다. 그러면 열에 아홉은 그 자세 그대로 민서를 업어 줍니다. 5학년 경희 누나는 민서를 업고 지내다시피 합니다. 엄마도 업기 힘들어하는 민서를 달랑 업고서는, 개집 앞에 가서 개를 보여 주기도 하고, 비닐 하우스에서 고추 말리는 모습을 구경시켜 주기도 합니다.

그런데, 이번 추석 명절에 제 마음을 울려 놓은 사람은 따로 있었습니다. 집안 식구들에게 감정을 내비치는 일이 거의 없을 정도로 말 없고 점잖은 분, 바로 큰아주버니입니다. 이번 명절에 큰아주버니는 아무렇지도 않게 민서를 업고 있었습니다. 민서가 등에 달라붙자마자, 바로 업어 주었습니다. 명절 내내 큰아버지의 등과 무릎은 민서가 도맡아 둔 자리였습니다.

명절 다음 날, 인천으로 올라갈 식구들이 다 떠나고 좀 한가해졌을 때입니다. 옆에서 까불까불 놀던 민서가 어느 순간에 보이지 않았습니다. 또 아빠 고무신을 신고 대문 밖에 나간 모양이구나 싶어서, 후다닥 대문간을 뒤졌지만 보이지 않았습니다. 큰일 났다 하고 여기저기를 찾다가 안방을 살짝 엿보았습니다. 낮잠을 자는 큰아주버니 옆에서 민서가 팔베개를 하고는 바싹 달라붙어 함께 자고 있었습니다. 큰아주버니는 한참 전에 주무셨으므로 민서를 안고 가서 재웠을 리는 없고, 민서가 제 발로 찾아가 팔을 베고서 함께 자고 있었던 것입니다.

그 모습을 보자마자 콧날이 시큰해졌습니다. 그토록 특별한 사랑을 받고 있는 민서가 대견했습니다. 자상함과는 거리가 먼 분인 줄 알았는데, 숨어 있는 큰아버지의 사랑을 민서가 끄집어내어 온 식구들 앞에서 얼마나 다정다감한 분인지 보여 주고 있었습니다.

가만 생각해 보면, 민서는 사랑을 받을 줄 아는 아이이기도 하지만 사랑을 볼 줄 아는 아이이기도 합니다. 상대방이 아무리 무뚝뚝한 얼굴을 하고 있다 하더라도 그 사람의 마음 깊숙한 곳에 있는 사랑을 볼 줄 아는 능력이 있습니다. 민서와 눈을 마주친 사람 가운데 얼굴 근육을 풀지 않는 사람을 거의 보지 못했습니다. 낯선 사람들 가운데 몇몇은 아주 잠깐 측은한 눈빛을 띠기도 하지만, 5분만 민서를 바라보고 있어도 그 표정은 금방 달라지고 맙니다.

멀리서 찾을 필요도 없습니다. 저 자신이 남 앞에 감정을 잘 드러내지 않는 성격인데, 민서 앞에서는 꼼짝없이 사랑을 표현할 수밖에 없습니다. 전혀 모르고 살았습니다. 제가 아이를 이렇게 사랑하게 될 줄, 민서뿐 아니라 다른 장애아들까지도 말입니다.

벗겨지지 않는 콩깍지

제 인생에서 딱 두 번, 눈에 콩깍지가 씐 적이 있는데, 한 번은 민서아빠 때문입니다. 다른 사람들은 덧니 때문에 민서아빠의 첫인상을 굉장히 날카롭게 보는데, 저에겐 그 덧니가 보이지 않았습니다. 그 대신 눈이 보였습니다. 제가 만나 본 모든 사람들 가운데 가장 예쁜 눈을 가진 사람을 꼽으라고 한다면 지금도 단연코 남편입니다.

또 한 번의 콩깍지는 민서 때문입니다. 민서 때문에 세상의 모든 다운증후군 아이들이 천사로 보입니다. 광고 모델로 나오는 예쁜 비장애 어린이들을 보아도 제 마음은 그저 그런데, 다운증후군 아이들을 직접 보거나 사진을 보면 제 입술엔 감탄사가 절로 나옵니다. 비장애 어린이와 다운증후군 어린이를 함께 찍은 사진을 보면, 당연히 제 눈길은 다운증후군 아이에게 쏠립니다. 그리고 어느새 되뇝니다.

"참 예쁘다."

그리고 마음속에 품고 있는 소망을 떠올리며 감사의 기도를 하게 됩니다.

'언젠가 하나님께서 때를 허락하면, 이 예쁜 천사들과 꽃이 만발한 동산에서 함께 뒹굴며 크나큰 자연의 아름다움에 대해 노래할게요. 그런 날을 꿈꿀 수 있게 민서를 우리 가정에 보내주시고, 이 세상에 다운증후군 아이들을 허락해 주셔서 감사합니다.'

얼마 전에 한 장애인 잡지의 표지에 다운증후군 여자 아이 두 명의 사진이 실렸습니다. 저는 그 사진을 오려서 제 수첩에 끼웠습니다. 가끔 사는 것이 까닭 없이 힘들 때, 그 사진을 들여다보며 제 마음을 추스르려 합니다. 쓸데없는 생각과 행동으로 세월을 함부로 흘려보낼 것이 아니라, 이 세상 사는 동안 제게 주어진 일을 천천히, 그러면서도 꼭 이루자고 다짐해 봅니다.

그래서 말인데, 저는 제 눈에 씐 이 두 콩깍지가 영원히 벗겨지지 않았으면 좋겠습니다.

민서야, 안녕 안녕 해봐

요즘 민서는 머리부터 발끝까지 장난으로 가득 차 있습니다. 제가 걸레로 방을 닦을 때면, 어떻게 해서든 제 등에 기어올라 말을 탑니다. 파리채로 저를 때려 놓고선 콧날과 입술에 잔뜩 힘을 준 채 의기양양한 얼굴을 합니다. 차를 타면 유리창을 내려 바람을 만지려 합니다. 숟가락질을 제법 하는가 싶다가도 어느새 밥알을 흩어 손으로 조무락조무락 만지고 있습니다. 설거지를 할 때면 개수대에 다가와 걸레를 던져 넣기도 합니다. 제가 누워 있을 때는 맨살 엉덩이로 제 얼굴을 깔아뭉개기 일쑤고 저의 머리카락을 잡아당겨 기어이 일으켜 앉힙니다.

민서는 요즘 맨발로 가출도 자주 합니다. 제가 잠깐 다른 일에 정신이 팔려 있다가, 아차 싶어 돌아보면 마루 끝에 매달린 채 눈치를 보고 있거나, 대문을 나서고 있는 모습을 자주 볼 수 있습니다. "요 녀석!" 하면서 달랑 들어 마루에 올릴라치면 커다란 물고기가 파득거리는 것처럼, 온 몸에 잔뜩 힘을 준 채

버둥거리며 싫다는 표현을 합니다. 장난꾸러기, 말썽꾸러기, 그러면서도 재롱둥이, 귀염둥이인 민서는 얼마 전 두 번째 생일을 맞았습니다.

감당할 만한 사람

민서를 낳고 힘겨워 하던 때가 까마득합니다. 겨우 두 해가 지났을 뿐인데, 편히 숨을 쉬는 것조차 힘들었던 날들이 있기는 있었나, 생각될 정도입니다. 이상하게도, 희망을 되찾고 살아갈 힘을 되찾는 데에는 그리 오랜 시간이 걸리지 않았습니다. 민서가 탈 없이 자라나는 모습 그 자체가 우리 부부에겐 힘이 되고 희망이 되었습니다.

민서에 대해 숨기고 있다가 마음 문을 열고 사람들에게 조금씩 털어놓기 시작할 즈음, 자주 듣던 위로의 말이 있습니다.

"감당할 만한 사람에게 주신다."

한때는 그런 말을 하는 사람에게 그 자리에서 바로 무안을 주고 싶기도 했습니다.

'여보시오. 누가 감당할 만하단 말입니까? 피할 수 있다면 나도 피하고 싶습니다. 그렇게 쉽게 말하는 당신 같으면 감당할 수 있겠습니까?'라고.

하지만, 이제는 그 말이 싫지 않습니다. 오히려 감사합니다. 하나님께서 다운증후군 아이를 맡아 길러 줄 부모를 고르고 골랐을진대, 저 같은 사람을 골랐다는 것이 무엇보다 감사합니다. 결혼 전만 해도 장애아에게 "사랑해"라고 속삭일 수 있는 능력이 제 안에서 솟아나리라곤 꿈에도 생각지 못했습니다. 저 자신조차 몰랐던 그 능력은 하나님께서 민서를 통해 내려 주신 것이 분명합니다. 게다가, 허술한 구석이 너무 많은 엄마에게 완전한 믿음으로 기대는 민서를 느낄 때마다 저 자신의 쓸모에 대해 깨닫고 또 깨닫곤 합니다.

민서가 완전한 믿음으로 저에게 기대는 순간은 아주 하찮은 모양으로 찾아옵니다. 예를 들면, 제가 아무 생각 없이 양반다리를 하고 앉아 있을 때 민서는 엉덩이를 들이밀며 제 품속으로 쏙 들어오곤 합니다. 마치 세상이 만들어지기 전부터 자기가 앉을 자리인 것을 미리 알기라도 했다는 것처럼……. 밤에는 누워 있는 제 배 위에 코알라처럼 찰싹 달라붙어 왼쪽 오른쪽 가슴에 번갈아 귀를 갖다 대다가 잠이 들곤 합니다. 저의 무릎이, 저의 배가, 저의 가슴이 한 존재에게 그토록 큰 믿음을 주는 데 사용되리라곤 정말 생각지 못했습니다.

처음 걸음마를 떼기 시작했을 때도 그랬습니다. 뒤뚱뒤뚱 몇 발짝 떼어 놓고는 그렇게 한 자신이 뿌듯한 듯, 봐 달라고 저를 향해 뒤돌아서곤 했습니다. 무심히 바라보는 저의 눈빛마저 민서에게는 그렇게 든든한 격려가 되었나 봅니다.

언젠가 그런 생각을 해봤습니다. 잠시 머물다 갈 이 세상, 제가 얼마나 큰 복을 얻었나 하는 생각 말입니다. 사람이 이 세상에 살면서 결혼을 할 수도 있고 안 할 수도 있는데, 아이를 낳아 기를 수도 있고 아닐 수도 있는데, 비장애아를 낳아 기를 수도 있고 장애아를 낳아 기를 수도 있는데, 딱 한 번뿐인 생애에 저는 장애아를 기르게 되었고 세상을 다른 눈으로 바라보며 새로이 사는 기쁨을 갖게 되었습니다. 그런 복은 돈으로도 사기 어려울 것입니다.

'장애'라는 말에 대해서도 참 많이 생각해 보았습니다. 그런데 생각하면 생각할수록, 민서가 장애아라면 저 같은 사람도 당연히 장애인이어야 한다는 생각이 자주 들곤 합니다.

다운증후군 아이들처럼 저도 말할 때 발음이 분명하지 못하고 어눌합니다. 세상에 대해 아는 것보다 모르는 것이 더 많습니다. 다루는 기계보다는 다루지 못하는 기계가 훨씬 더 많습니다. 숫자 계산은 정말 잘하지 못합니다. 하찮은 신변 처리를 잘못할 때도 있습니다. 남의 물건을 못 쓰게 만들기도 하고, 뛰다가 엎어지기도 하고, 걷다가 미끄러지기도 하고, 바지의 지퍼를 안 올리기도 하고, 나사를 푸는 방향과 감는 방향을 매번 잊어버리기도 합니다. 이렇듯 정상인의 수준에 다다르지 못하는 면들을 저도 적잖이 지니고 삽니다. 저 말고도, 어느 누구나 부족하고 모자란 점을 하나둘 지니고 살 것입니다. 그것을 좀 많이 갖고 사는 사람들이 장애인일 뿐입니다.

민서는 정신지체 2급이지만 그게 무엇을 뜻하는 것인지 알 수 없을 정도로, 아무리 보아도 사랑스러운 아이입니다. 팔다리의 길이가 짧아 몸의 균형이 다른 사람들과 다르다 하더라도, 손가락과 발가락의 길이가 짧다고 하더라도, 눈자위가 늘 부어 있다 하더라도, 콧대가 낮다 하더라도, 입을 잘 다물지 못한다 하더라도, 검지 발가락이 휘어져 있다 하더라도 저에게는 민서가 세상에서 가장 예쁜 아이입니다.

빠이빠이를 하는 사람들

민서는 제가 '랄랄라'라고 딱 세 음절만 말해도 어깨를 흔들며 춤을 춥니다. 동요는 물론이요 예배당에서는 찬송가에 맞춰 춤을 춥니다. 저는 그렇게 제 기분을 춤으로 나타내 본 적이 없습니다. 다윗은 한 나라의 왕이었지만 온 백성 앞에서 부끄러워하지 않고 춤으로 자신의 기쁨을 나타내었습니다. 민서의 춤을 볼 때마다 저는 그런 기쁨을 읽곤 합니다.

춤뿐 아니라 민서는 아주 작은 일에도 참 잘 웃습니다. 민서의 얼굴에 후우 입김만 불어 주어도, 서너 번 눈만 깜빡거려 주어도, 아무 뜻도 없는 행동을 두세 번 반복해 주어도 거리낌없이 깔깔 웃어 젖힙니다. 목사님이 민서에게 웃음이라는 뜻인 '이삭'을 별명으로 지어 주신 것도, 잘 웃고 또 상대방을 잘 웃게 만드는 재주가 있기 때문입니다.

"민서야, 안녕 안녕 해봐."

"민서야, 빠이빠이."

민서를 데리고 다니면 가장 많이 듣는 소리입니다. 특히 빠이빠이를 할 때면 저는 상대방의 얼굴을 유심히 바라보곤 합니다. 목사님도 사모님도 권사님도 집사님도 마을의 할아버지 할머니들도 이장님도 보건소 소장님도 학생들도 민서의 빠이빠이를 보고 나면 모두들 얼굴에 함박웃음이 피어납니다. 민서처럼 손바닥을 펼쳐 흔들어 보이며 함께 빠이빠이를 합니다. 그럴 때면 저는 생각합니다. 저분들이 언제 어디서 누구를 위해 저렇게 손을 흔들며 맑게 웃을 수 있을까 하고…….

아들 재롱에 제 눈이 멀었다고 해도 좋습니다. 저는 민서를 보고 많은 사람들이 행복한 표정을 짓는 것이 좋습니다. 그것은 민서만이 할 수 있는 일입니다. 좀 욕심을 낸다면, 민서가 어른이 되었을 때에도 사람들의 굳은 얼굴에서 그렇게 해맑은 웃음을 피어나게 하는 사람이었으면 좋겠습니다.

민서를 바라보며 저 또한 삶에 대해 다시 배웁니다. 새로운 것을 배우는 데 시간을 좀 넉넉히 줘야 하는 민서를 보며, '아, 그랬구나. 예전에 나도 저렇게 모든 것을 배웠구나. 걷는 것, 인사하는 것, 숟가락 쓰는 것, 뚜껑 여닫는 것, 물 마시는 것……. 그렇게 많은 것들을 나도 배웠구나' 하고 깨닫게 됩니다. 기억에도 없는 저의 어린 날들을 상상해 보며 제게 그 모든 것을 가르쳐 준 부모님과 선생님들께 감사하는 것도 새로 배우게 됩니다.

천사와 함께 파리채를

다운증후군 아이를 가진 부모들이 아이들에 대해 얘기할 때 곧잘 천사라고 부릅니다. 처음엔 일부러 아이를 측은히 여겨 그렇게 부르나 보나 짐작했습니다. 그런데 함께 살아보니 정말 천사입니다.

그런데 왜 이 천사들에게 하나님께서 좀 특별한 겉모습을 주었을까 상상해 보았습니다. 천사들을 세상에 보내실 적에 하나님께서는 걱정이 되었을 것입니다. 행여나 세상에 내려가 해코지를 당하지 않을까 걱정하였을 것입니다. 그래서 일부러 어눌한 말과 균형이 맞지 않는 몸을 주기로 한 것입니다. 겉으로 드러난 모습이 엉성하여도 천사를 알아볼 사람은 알아볼 것이고 그렇지 못한 사람은 천사인 줄 까맣게 모르고 무관심하게 살 것이니…….

최근에 《아담을 기다리며》라는 책을 읽었습니다. 글쓴이인 아이 엄마와 주변 사람들도 아담을 천사라고 불렀습니다. 형제들이 가게에서 초콜릿과 사탕을 고를 때, 겨우 세 살인 아담은 엄숙하게 장미꽃을 골랐고, 그날 밤 엄마의 침실에 가져다주었습니다. 다섯 살 때 할인점에 갔을 때는 진열된 식물들의 냄새를 하나하나 맡아 볼 정도로 사랑스러운 천사였습니다.

우리 집 천사도 때때로 생각지 못한 기쁨을 줄 때가 있습니다. 물놀이 공의 투명한 부분에 눈을 갖다 대며 엄마를 바라보고, 저 먹던 걸 기어이 엄마 입 속에 넣어 주고는 좋아라 손뼉도 치고, 장난으로 웃으면 따라 웃고 장난으로 울면 따라 웁니다. 꼭 안아 주거나 뽀뽀해 주고 싶은 순간을 너무도 잘 만들어 내는 사랑스런 재주꾼입니다. 이 천사는 자동차, 그 가운데서도 바퀴를 굉장히 좋아합니다. 차 소리만 나도 소리를 지르며 좋아하고 탈탈거리는 경운기가 지나가면 정신이 나간 듯 눈도 떼지 않고 바라봅니다. 요즘엔 가사도 이상하고 가락도 이상한 천사의 노래를 부르기도 합니다.

"바부아, 바바바, 베베베, 아아아, 으바, 아부……."

부르다가 즐거운지 으흐흐 웃기까지 합니다.

요즘 우리 부부는 이 천사와 함께 파리채 싸움을 하고 있습니다. 기어 다니기 훨씬 전부터 뒤뚱뒤뚱 걷기 시작한 지금까지 싫증내지 않고 좋아하는 장난감이 파리채인데, 파리채를 장난감 칼 삼아 힘겨루기를 하는 것입니다. 천사가 워낙 좋아하다보니 덩달아 재미를 붙이고 하게 되었습니다. 분홍 파리채, 빨강 파리채, 초록 파리채를 각자 들고 휘두르면서 소리소리 지르고 깔깔거리는 것이 우리 가족의 취미가 되어 버렸습니다.

천사에게 좀 과격한 것을 가르치고 있나요? 물론 그렇지 않을 때도 있습니다. 집 앞에서 산책할 때, 저는 민서에게 분꽃이나 봉숭아, 이름 모를 풀꽃을 자주 따줍니다. 톡, 터지는 봉숭아 꼬투리도 만져 보게 합니다. 그것을 들여다보고 흔들어 보고 만져 보는 민서의 모습은 그대로 분꽃이고 봉숭아이고 풀꽃입니다. 그럴 땐 온 세상이 멈추어 그 모습을 바라봤으면 좋겠다는 욕심이 생깁니다.

저에게 기쁨과 감사를 가르쳐 준 민서가 집 앞의 배추밭을 들여다봅니다. 어린 배추 싹, 무 싹들이 노루귀처럼 쫑긋쫑긋 이파리를 세우고 말합니다.

"민서야, 안녕 안녕 해봐."

목욕 가는 날

민서랑 목욕을 갑니다. 홍성에서 가까운 덕산 온천으로 갑니다. 그 많은 목욕탕 중에서 규모도 제일 크고 사람도 제일 많은 목욕탕으로 갑니다. 민서는 커다란 목욕탕에 이미 익숙해서, 넓디넓은 탈의실이 제 운동장이라도 되는 양 뛰어다닙니다.

옷 벗는 그 틈을 기다리지 못하고 어디론가 사라져 버리곤 해서, 저는 윗몸에 입은 내복과 스웨터를 한꺼번에, 아랫몸에 입은 내복과 바지를 한꺼번에 후다닥 벗어야 합니다. 민서가 언제 쓰레기통을 밀고 다닐지, 어느 결에 운동 기구에 올라가 여기저기를 만질지 알 수 없기 때문입니다. 엄마가 옷을 벗는 동안의 짧은 자유를 민서는 어떻게든 마음대로 누리려 하고, 저는 저대로 어떻게든 겨를을 주지 않으려 합니다.

그래도 탕 안으로 들어가야 한다는 것은 알고 있어서 제가 손을 내밀면 얼른 잡고 탕 쪽으로 몸을 돌립니다. 탕 안에 들어가면 탈의실에서와는 다르게 민서는 얌전해집니다. 웅웅거리는 소리 때문인지, 알몸의 사람들 때문인지는 모르겠으나 목욕이 끝날 때까지 제 곁에서 멀리 달아날 생각은 하지 않습니다.

민서한테는 지루한 시간일 것입니다. 그런데도 별로 짜증내지 않고 잘 놉니다. 민서한테 때밀이 수건을 내밀면 민서는 오른손 주먹을 저한테 내밉니다. 끼워 달라는 뜻입니다. 끼워 주면 "흐흐" 웃은 다음에, 엄마 다리나 발을 슥슥 한번 밀어 보기도 하고 목욕탕 바닥도 열심히 밀고 자기 머리카락까지 밀면서 나름대로 목욕을 즐깁니다. 그래서 민서가 쓸 때밀이 수건은 꼭 따로 챙겨야 합니다. 언젠가 빠뜨리고 가져가지 않은 적이 있는데, 때밀이 수건 하나 때문에 엄마와 아들이 벌인 신경전이 아직도 생생하게 기억납니다.

편견과 걱정

목욕탕에 가면 다른 어느 곳보다 사람들이 우리를 많이 쳐다봅니다. 처음엔 그 모든 눈빛이 부담스러웠으나, 지금은 아무렇지 않아서 오히려 그이들의 눈빛을 나름대로 가름해 볼 정도의 여유가 생겼습니다.

민서와 저를 바라보는 눈빛에는 크게 두 가지가 있습니다. 장애아인지 알고 보는 눈빛과 모르고 보는 눈빛입니다. 장애아인지 알고 보는 눈빛도 여러 가지인데, 좀 다르게 생긴 것에 대해 단순하게 놀라서 보기도 하고, 불쌍하기 그지없다는 듯 보기도 하고, 엄마는 이상하지 않은가 하고 번갈아 보기도 하고, 한참이나 쳐다보고서는 함께 온 옆 사람에게 귀엣말로 뭐라고 하는 사람들도 있습니다. 그리고 드물긴 하지만 장애아인 줄 알면서도 더 없이 사랑스럽게 바라보는 눈빛도 있습니다.

민서가 다른 아이들과는 달리 목욕탕 안에서 얌전하게 잘 노는 걸 보고 간혹 말을 붙여 오는 사람들이 있습니다. 그런데 대개는 이렇게 묻습니다.

"돌 지났지요?"

두 돌하고도 여섯 달이나 지났지만, 워낙 몸이 작은 탓입니다. 그 물음에 어떤 땐 두 돌이 지났고 태어날 때부터 병이 있어서 많이 크지 못했다고 알아듣기 쉽게 답하기도 하고, 어떤 땐 그냥 설명하기 귀찮아서 "예" 하고 얼버무리기도 합니다. 대개는 병이 있다고 하면 "아……" 하고 말한 다음에 민서를 한 번 더 쳐다봅니다.

어쨌거나 어떤 눈빛으로 우리를 바라보건, 저는 그이들의 마음을 다 헤아릴 수 있습니다. 몇 년 전만 해도, 그러니까 민서를 낳기 전만 해도 저 또한 모든 장애인들을 전염병에라도 걸린 사람들처럼 두려운 눈빛으로 바라봤습니다. 그런데 장애아와 스물네 시간을 살게 되면서 모든 편견과 걱정을 버리게 되었습니다. 저처럼, 그분들도 장애아를 자주 만나고 대하면 생각이 달라질 것입니다. 우리 교회 식구들이 어느 누구도 민서를 장애아로 여기지 않는 것처럼 말입니다.

그런데, 우리 가족이 그토록 여러 번 목욕을 다녔건만, 다른 장애아들을 목욕탕에서 본 적이 없습니다. 우리가 못 본 것인지 아니면 유명한 온천 지역이라 남의 눈을 꺼려해서 오지 않는 것인지는 잘 모르겠으나, 너나없이 똑같은 알몸이 되는 목욕탕에서 장애인을 더 자주 봤으면 하는 바람이 있습니다. 비장애인들이 곳곳에서 아무렇지 않게 장애인들을 보게 되고 만나게 되면 편견이나 오해를 갖게 될 까닭이 없을 것입니다.

장애아를 둔 부모들 가운데는 남 앞에 아이를 내어놓기 부끄러워하는 사람들도 있고, 그 반대로 더 드러내어 아이로 하여금 여러 가지 경험을 갖게 하는 사람들도 있습니다. 우리는 이쪽도 저쪽도 아닙니다. 부끄러워 할 이유도 없고, 또 무슨 큰 경험을 주기 위해 일부러 데리고 다닐 까닭도 없습니다. 여느 부모가 아이를 목욕탕에 데리고 가는 것이 아무렇지 않은 일인 것처럼, 우리도 아무렇지 않게 민서를 데리고 가서 씻고 올 뿐입니다. 굳이 큰 목욕탕을 골라 가는 이유도 달리 있는 것이 아니라, 마을에서 이 사람 저 사람 갖고 있는 온천 할인권을 우리도 고맙게 쓰고 있을 따름입니다.

다운학교를 꿈꾸며

비단 목욕탕뿐만 아니라 사람이 있는 곳이면 어디나 우리 가족에게 눈길이 쏠립니다. 그리고 그 가운데는 장애아를 둔 가족들도 있습니다. 지난해에 민서가 여러 가지 검사를 받기 위해 천안에 있는 큰 병원을 다녔는데, 한 약국에서 민서를 사랑스러운 눈빛으로 바라보는 아이 엄마를 만났습니다. 민서가 약을 넙죽넙죽 잘 받아먹는 걸 기특하게 지켜보던 그이는, 자신의 조카가 다운증후군이라고 먼저 밝혔습니다. 그러고는 이렇게 잘 자랄 수 있는데, 이렇게 걸을 수도 있는데, 자신의 여동생은 도통 아이를 돌볼 생각을 않는다고 했습니다. 작은 감기인데도 내버려 두기 일쑤여서 여러 번 입원을 했다고 했습니다. 그런 모습만 보다가 이렇게 밝게 자라는 다운증후군 아이를 보니, 보는 것만으로도 힘이 된다고 했습니다.

그런데 그 말에 힘을 얻은 사람은 오히려 저였습니다. 민서가 다른 사람에게 희망을 줄 수 있다는 것을 생각하니 눈물이 핑 돌았습니다. 어쩌면 민서는 다른 어느 누구보다도 제일 먼저 엄마와 아빠에게 희망을 주었는지도 모릅니다. 민서를 만나지 못했다면, 민서아빠와 저는 별다른 소망 없이 고만고만한 인생으로 살아갔을 것입니다. 열심히 일해서 더 넓은 집을 마련하고 새 자동차를 사고, 주말이나 휴가 때면 여행하는 것을 삶의 가장 큰 목표로 알고 살았을 것입니다. 그런데 민서는 그것이 삶의 전부가 아님을 가르쳐 주었습니다. 얼마든지 세상의 한 부분을 담당할 수 있는 다운증후군 아이들이 부모의 절망과 무지로 인해 방치되는 일이 없도록, 그 부모와 아이들을 위해 우리가 작은 일이나마 시작해야겠다는 소망을 가지게 해준 것입니다.

민서아빠와 저는 다운학교를 세우고 싶은 꿈을 갖고 있습니다. 다운증후군 아이들은 다른 정신지체 장애아에 비해 교육의 효과가 큰 아이들이라서, 잘 가르치면 사회에서 제 몫을 충분히 해낼 만한 아이들입니다. 그런데 현실은 좀 갑갑합니다. 초등학교까지 통합 교육을 잘 받은 다운증후군 아이들이 중학교 때부터 어려움을 겪게 됩니다. 우선 일반 중학교에 가면 입시 위주의 교육을 받는 것이 쉽지 않습니다. 그렇다고 복지 시설로 되돌아가면 기껏 쌓아 온 통합 교육의 효과는 사라지고 맙니다. 복지 시설에서 다운증후군 아이들은 거의 비장애인이나 마찬가지이기 때문에 아무래도 특수 교사들의 관심을 덜 받게 마련입니다.

그래서 민서아빠와 저는 다운증후군 아이들을 위한 중학교 과정의 대안학교를 꿈꾸고 있습니다. 물론 섣불리 시작할 수 없을 정도로 많은 준비가 필요할 것입니다. 비록 지금은 기도밖에는 아무것도 준비할 수 없는 처지이지만, 때가 차고 마음이 모이면 이루어질 일이라 믿습니다. 민서아빠와 저처럼, 그저 그렇게 늙어 죽을 인생에게 하나님께서 민서와 함께 소명을 주셨듯이 이 땅 어디에선가 우리와 같은 소명을 받은 이들이 있을 것이라 믿고 또, 함께 힘을 모을 날도 오리라 믿습니다.

희망의 날

엊그제 목욕탕에서 저는 좀 특별한 눈빛을 느꼈습니다. 민서와 저를 바라보는 눈빛이 아무리 많아도 곧 잊어버리고 마는데, 그 눈빛은 제 마음을 잡았습니다. 민서와 저를 번갈아 보다가 나중에는 저를 더 많이 바라보던 그이는 아마도 장애아 가족이 아니었나 생각됩니다. 목욕탕에 데리고 오지 못할 정도로 가족의 마음이 닫혀 있거나, 아이의 상태가 민서보다 훨씬 심하지 않을까 짐작도 해보았습니다. 어쨌거나 분명히 참 많은 생각을 담은 눈빛이었습니다.

옷을 다시 껴입는 엄마의 눈을 피해 자꾸만 운동 기구에 매달리는 민서 때문에 그이에게 말을 붙여 보지는 못했습니다. 하지만, 제 짐작대로 그이가 장애아의 가족이었다면, 언젠가 그이의 가족도 아무렇지 않은 마음으로 목욕탕을 찾을 날이 올 것이라고, 그런 날이 이 땅에 빨리 오도록 기도하고 있다고 말해 주고 싶었습니다.

희망의 날은 생각보다 멀지 않으므로……. 그렇지 않던가요?

엄마를 위해서라면

밥을 안 먹겠다 해서 먹이다 말았고, 옷도 안 입겠다 하니 억지로 입힙니다. 어제 아침만 해도 옷을 입을 때 좋아라 웃던 녀석이 갑자기 달라진 걸 보니, 어린이집에 가기 싫은 눈치입니다. 옷을 입다 말고 드러누워 버리는 데다 머리를 바닥과 벽에 마구 찧어 대니, 이것은 민서가 정말 싫다는 마음을 드러내는 것입니다. 안아 주어도 막무가내입니다.

결국 제 눈에는 눈물이 맺힙니다. 저도 민서랑 하루 종일 놀아 주고 싶습니다. 하지만, 우리 집 형편을 생각하면, 보육료를 내지 않는 어린이집에 민서를 보내는 것이 가장 좋은 선택입니다.

"안 돼. 민서야. 가야 해. 민서가 어린이집에 가 줘야 엄마도 일할 수 있어. 아빠도 일하러 나갔으니 민서랑 놀아 줄 수도 없잖아. 아주머니는 몸이 안 좋아서 너랑 하루 종일 놀아 줄 수는 없어. 어린이집에 가서 선생님과 친구들과 사이좋게 놀다 와."

민서가 알아듣건 말건 저는 민서의 눈을 쳐다보며 제 솔직한 마음을 말합니다. 그제야 민서는 머리 찧는 것을 그만두고 대답합니다.

"응, 응."

엄마의 눈물 때문에 민서의 얼굴에도 금방 슬픈 기운이 감돕니다. 이럴 땐 정말 민서가 제 말을 다 알아듣기라도 하는 것 같습니다. 순순히 옷도 입습니다. 신발도 신고 따라나섭니다.

속에 영감이 하나 들어앉았어

민서가 어린이집에 다니게 되었습니다. 읍내에 있는, 장애아를 위한 느티나무어린이집입니다. 입학하기 전, 엄마의 걱정이 얼마나 부질없는 것이었나 생각될 정도로 민서는 첫날부터 잘 적응했습니다. 아홉 시에 마을앞 화신슈퍼 앞에서 어린이집 버스를 타고 가서 다섯 시 반에 돌아와야 하는데도, 갔다 오면 얼마나 재미있었는지 그 기분이 저에게 그대로 전해졌습니다.

그런데, 넷째 날은 달랐습니다. 가고 싶지 않은 마음이 머리부터 발끝까지 가득 차 있었습니다. 노란 버스에 올라타 선생님과 자리에 앉았을 때, 그 전날처럼 손을 흔들어 주었건만 민서는 고개를 한쪽으로 돌렸습니다. 뾰로통해진 얼굴에 '엄마 때문에 마지못해 간다'는 말이 그대로 씌어 있었습니다.

셋째 날까지 아무렇지 않게 버스도 잘 타고, 다녀와서는 까불까불하던 녀석이 넷째 날 아침 그렇게 달라진 까닭을 생각해 보았습니다. 아무래도 해찬이 할머니 때문인 것 같았습니다. 할머니는 겨우내 반나절 정도 민서를 봐주었는데, 막내아들 약혼식 때문에 요 며칠 서울에 다녀왔습니다. 민서가 어린이집에 다녀오면 저녁 시간에 잠깐 동안 더 봐 달라는 부탁을 드려 놓았는데, 그러니까 닷새 만에 민서와 할머니가 다시 만나게 된 것입니다.

"나, 애 일곱을 키웠어도 그런 애 첨 봤네. 글쎄 버스에서 내리는 애를 안았지. 그랬더니 목을 감고 안 떨어지는 거여. 뽀뽀를 해 달라고 말도 안 했는데 얼굴에 입을 대고선 떨어져야 말이지. 반가웠던 모양이여."

우리 집 앞을 지나 아주머니네로 가게 되어 있는데 우리 집은 쳐다보지도 않고 아주머니네로 곧장 가더라는 얘기, 아주머니가 일부러 다른 집에 들어가는 시늉을 해봤더니 대문간에서서 오히려 아주머니를 오라고 손짓하더라는 얘기, 현관문에 들어서서는 문을 열라고 꽝꽝 두드렸고, 외투를 벗기려 해도 목을 껴안고 떨어지지 않더라는 얘기, 방에 들어가서는 아주머니의 손과 볼을 자꾸만 만지고 밥도 무릎에 앉아서만 먹으려 했다는 얘기……. 아주머니는 '사랑스럽고 대견한 민서' 이야기를 끝도 없이 늘어놓았습니다.

"걱정 말유. 속은 다 있슈. 말을 못해 그렇지, 머리가 나쁜 애는 아녀. 애 같지 않다니께. 속에 영감이 하나 들어앉았어."

아주머니의 칭찬에 기분이 좋아야 했는데, 마음 한 구석은 그렇지 못했습니다. 교회에서나 마을에서 낯선 사람들과도 잘 어울리던 녀석이라 어린이집에서도 큰 어려움을 느끼지는 않았을 것입니다. 하지만, 하루 이틀도 아니고 며칠 계속 다니다 보니 엄마 아빠 생각도 났을 것이고, 나름대로 적응하는 데 힘들었던 모양입니다. 그러다가 자신의 마음을 잘 읽고 잘 놀아주던 해찬이 할머니를 만나게 되었으니 그 기쁨이 얼마나 컸겠습니까. 그러니 이제 어린이집에는 가지 않겠다고 고집을 피운 것입니다.

다행히 소동은 그날 한 번으로 끝이 났습니다. 눈치 빠른 민서는 이제 자신의 시간표에 대해 알아차린 것 같습니다. 어린이집을 다녀온 뒤엔 아주머니네로 가고, 그리고 어두워지면 엄마가 찾으러 온다는 것을…….

얘는 애 같지 않네요

민서가 어린이집에 다니게 되었다는 얘기를 했을 때, 주위에서는 어린이집에 적응하지 못한 아이들 이야기를 많이 해주었습니다. 어린이집에 내려놓자마자 울기 시작해서 점심때까지 한 번도 그치지 않고 울어서 입학을 못한 아이도 있었고, 가방과 체육복까지 새로 사서 억지로 보냈지만 일주일 만에 포기한 아이도 있었다 합니다. 그런 아이들에 비하면 아직 두 돌 반밖에 되지 않은 민서는 어린 나이인데도 참 쉽게 적응했습니다.

생각해 보면 민서는 엄마를 언제든 참 편하게 해주었습니다. 배 속에 있을 때부터 말입니다. 입덧도 요란하지 않았고, 엄마의 몸무게도 많이 늘게 하지 않았으며 음식을 까다롭게 먹게 하지도 않았습니다. 태어날 때에도 그랬습니다. 즐겨 보던 텔레비전 연속극까지 재미있게 보고 나서 가벼운 마음으로 병원을 향했습니다. 밤 열한 시를 훌쩍 넘겼을 때였는데, 진통이 아니면 다시 돌아오리라 생각할 정도였습니다. 그런데 민서의 급한 성격은 그때에도 그대로 드러나, 긴 시간 끌지 않고 새벽 네 시 반에 엄마 몸을 쏙 빠져나와 조그맣고 빨간 얼굴을 엄마에게 보여 주었습니다.

열한 달 만에 젖을 뗄 때에도 생각지 않게 쉽게 떼었습니다. 제가 너무 심한 감기를 앓아 도저히 버틸 수가 없어 병원을 찾았습니다. 의사는 이틀 정도만 약을 먹고 젖을 짜내 버리라고 했습니다. 그런 다음 다시 먹이면 된다고 했습니다. 그런데 시킨 대로 했으나 그만 젖이 말라 버리고 말았습니다. 엄마의 어리석음으로 젖을 못 먹게 되었으니 민서에게 얼마나 미안한 마음이 들던지……. 한동안 젖 때문에 민서가 보채어도 저로선 할 말이 없다고 생각했습니다. 그런데 기특하게도 민서는 젖 대신 이유식을 잘도 받아먹었습니다. 젖을 그렇게 어이없게 뗐다는 것에 대해 마을 할머니들은 오히려 다행이라고, 민서가 엄마를 편하게 해준 것이라고 입을 모았습니다. 정말 그랬습니다. 부질없는 걱정을 미리 하는 엄마를 안심시키기라도 하듯 민서는 늘 엄마보다 씩씩했습니다.

물론 힘들 때도 있었습니다. 45일 만에야 젖을 물었는데, 그동안 기계로 젖을 짜서 먹이느라 매일 밤 엄마 아빠의 잠을 설치게 했고, 황달로 한 번, 폐렴으로 한 번 입원해서 걱정을 끼쳤습니다. 그러나 그뿐이었습니다. 그만한 병치레는 다운증후군 아이가 아니라도 할 수 있는 것입니다. 오히려 제일 걱정했던 심장의 구멍을 민서 스스로 메워서 엄마 아빠의 가장 큰 걱정을 덜어 주었습니다.

또 민서는 남의 집에 놀러 갔을 때, 생각보다 점잖게 놉니다.

"얘는 요즘 애 같지 않네요. 말귀도 다 알아듣고 어른하고 있는 것 같아요."

그런 말을 들을 때 엄마로서 얼마나 자랑스러운지 모릅니다.

그동안의 마음고생이 이제는 가물가물 생각이 나지 않을 정도로, 그렇게 자라면 자랄수록 민서는 엄마를 더 편하게 해주고 있습니다. 갓 태어난 민서를 안고 가졌던 막연한 불안과 두려움을 하나둘 보란 듯이 말끔하게 씻어 주고 있습니다. 그래서 민서에게 미안하기도 합니다. 한때나마 '행복해야 할 인생의 절반이 민서로 인해 실패하게 되었다'며 절망했던 제 자신이 너무너무 부끄럽습니다.

저는 민서의 이런 대견함을 민서가 엄마를 위해 선물해 주는 최고의 배려라고 생각합니다. 자신 때문에 엄마가 한동안 고통의 늪에서 얼마나 힘들어했는지, 민서는 고스란히 다 기억하고 있는지도 모릅니다. 그래서 그 시간을 갚아 주려는 듯, 세심하게 엄마를 배려해 주는 것입니다.

그런 특별한 아들과 사는 것이 얼마나 큰 축복인지 모르겠습니다. 누군가 저에게 장애아를 키우느라 마음고생이 심하지 않냐고 물어오면, 저는 그분께 웃는 얼굴로 답해 주곤 합니다.

"마음의 고생보다는 민서가 가져다준 기쁨과 축복이 더 많습니다."

또 누군가는 얘기합니다.

"민서는 부모를 참 잘 만났어."

그러면 저는 자랑스럽게 말합니다.

"아닙니다. 우리 부부가 민서를 잘 만난 것이지요."

점잖은 꼬마 신사

어린이집 버스를 처음 타던 날, 선생님과 함께 자리에 앉은 민서는 눈이 동그래졌습니다. "엄마는 왜 타지 않지?"라는 말이 얼굴에 그대로 드러나 있었습니다. 그 표정이 마음에 걸려 집에 돌아와서도 저는 멍하게 서 있었습니다. 어질러진 장난감을 치워도 머릿속은 휑하고, 빨랫감을 세탁기에 넣고도 한참을 그대로 서 있고, 개수대 앞에서도 얼른 설거지를 못하고 서 있기만 했습니다. 하릴없이 교회 사모님과 쌍둥엄마에게 전화를 합니다.

"다 그런 겨."

그분들이 해주는 위로의 말을 듣고서야 일을 손에 잡을 수 있었습니다.

민서는 그런 엄마의 마음도 다 헤아렸을 것입니다. 오늘 아침에도 민서는 아무렇지 않게 어린이집 버스를 타고 갔습니다. 오늘 저녁에 민서가 돌아오면 귀엣말로 속삭여 줘야겠습니다.

"점잖은 꼬마 신사 민서야, 정말 고마워. 엄마의 눈물을, 긴 설명을 이해해 줘서. 엄마가 민서를 보살피는 것보다 민서가 엄마에게 마음 써 주는 것이 더 커. 그래서 엄마가 조금 부끄러워. 사랑해."

참된 시작

짐짓 아프다는 표정을 지으며 민서가 손가락을 내밉니다.

"호오, 호오."

따스한 입김을 불어 주고는 괜찮다는 눈빛으로 민서의 얼굴을 바라봅니다. 민서도 이젠 됐다는 듯 저를 보며 웃습니다. 저를 닮아 엄살이 좀 심한 민서에게 요즘엔 하루에도 몇 번씩 이렇게 '호오, 호오'를 해주곤 합니다. 별 상처도 아닌데 민서는 제게 손가락이나 발가락을 번번이 내밀고, 별 상처도 아닌데 저는 멋진 치료라도 해주듯 입김을 불어 대곤 합니다.

정작 민서가 받고 싶은 것이 입김이 아니라는 것을 저도 잘 압니다. 입김이 무슨 치료 효과가 있다는 말을 들어 본 적도 없습니다. 민서가 바라는 것은 엄마의 눈빛과 마음일 것입니다. 엄마가 자신의 얼굴을 한번 더 봐주고 마음을 한번 더 알아준다는 그 믿음을 확인하고 싶어서, 자꾸만 손가락을 들이댈 것입니다.

민서만 한 아이도 그러할진대, 온갖 책임과 의무를 이고 진 어른들도 그럴 것입니다. 누군가가 자신의 마음을 알아준다는 것이, 괴롭고 슬픈 그 마음에 동감하는 눈빛이라도 보내준다는 것이 얼마나 고마운 일이겠습니까. 마음을 받고 싶어 하는 쪽도, 또 그 바람을 알아보고 마음을 줄 줄 아는 쪽도 행복한 사람일 것입니다.

공공, 너도 비워라

소식도 없이 깊은 밤에 눈이 내리면, 그만 세상이 아무 일도 아닌 것처럼 여겨집니다. 세상의 온갖 시끄러운 것들이 눈에 묻혀서 영영 깨어날 것 같지도 않고, 천지간에 있는 것이라곤 하늘과 눈과 개 짖는 소리뿐.

눈 오는 밤엔 창밖으로 그리움이 먼저 달려가 귀를 기울입니다. 그러나 눈이 내려도, 생고구마를 먹기 좋게 깎아 두어도, 그리운 사람들은 오지 않고 개만 짖는데 그 소리가 다른 때와는 사뭇 다릅니다.

"공공空空, 온 세상이 비었다. 공공, 너도 비워라."

그래, 시키는 대로 마음을 좀 더 비우고 앉아 있으면, 가만가만 예전의 기억들이 찾아와 마주 앉습니다. 즐거운 기억보다는 힘들고 지치고 눈물 흘리던 그런 기억들인데, 지금은 아주 편안한 빛깔로 흘러 들어옵니다.

제가 눈물을 참 많이 흘리던 때가 딱 두 번 있었습니다. 서른을 눈앞에 둔 때가 한 번, 그리고 민서를 낳고 나서 또 한 번, 그렇게 두 번입니다. 사람들 앞에서 우는 모습을 보이기가 싫어서 낮에는 멀쩡하게 살았고, 밤만 되면 울었습니다. 다음 날 아침에 눈자위가 부어올라 운 자욱이 남아 있을까 봐, 소맷자락이나 이불자락을 눈물샘 바로 밑에 갖다 대고 울었습니다. 소리 없이 울다가, 서럽게 울다가, 울다가 울다가 지쳐서 잠이 들곤 했습니다.

저는 그때를 눈물골짜기라고 부릅니다. 죽을 용기가 없어서 겨우겨우 더듬으며 지나온 눈물골짜기. 그런데 그 골짜기를 지나고도 한참 더 지나고 나서야, 민서에게 '호오, 호오'를 해주고 나서야 저는 제 삶에 왜 그 눈물골짜기가 필요했는지 알게 되었습니다.

부끄러운 얘기지만, 눈물골짜기에서 흘린 눈물은 모두 저를 위한 것이었습니다. 생각과는 너무 다르게 흘러가는 제 삶과 그 속에서 안간힘으로 버티고 있는 제 자신이 불쌍해 보여서 참을 수가 없었습니다. 어느 누구에게도 입을 열어 내 슬픔이 여기까지 차 있노라고 설명할 수가 없었기에 더 길고 오랜 시간을 견뎌야 했습니다.

그런데 실컷 눈물을 다 쏟아 내고 난 그 즈음에, 이젠 괜찮다고 자신을 추스르게 된 바로 그 즈음에, 제게는 작은 변화가 일어났습니다. 한 번도 눈여겨 본 적 없는 다른 사람의 눈물이 보이기 시작한 것입니다. 그리고 다른 사람의 눈물이 보이기 시작하자, 한 번도 아름답다고 생각해 보지 못한 것들의 아름다움과 소중함도 함께 보이기 시작했습니다. 할머니들의 동그랗고 조용한 뒷모습을 볼 때나, 시골 아주머니들의 벗어 둔 신발을 볼 때나, 장애아를 둔 엄마들이 미소 짓는 것을 볼 때나, 씨앗을 털어 낸 이질풀의 꼬투리를 볼 때나, 어둔 곳에서도 붉은 싹을 내는 감자를 볼 때면 영혼 깊숙이 사무치는 그 아름다움에 오히려 가슴 한쪽이 저려오는 듯 했습니다. 세상에 숨어 있는 작은 은유들이 하나둘 제게로 다가와서는 이전에 받아본 적 없는 깊은 위로를 건네주었습니다.

참 이상한 변화였습니다. 제 자신을 위해 안으로 안으로 고였던 눈물이 그때부터는 밖을 향하여 조금씩 조금씩 흘러 나가는 듯했습니다. 이 모든 것이 눈물골짜기 때문이라는 것을 알게 된 것은 그러고도 한참이나 더 지나서였고, 아이의 엄마로 살면서부터 좀 더 또렷하게 알게 되었습니다. 엄마는 아이의 몸이 자라나도록 돕지만, 아이는 엄마의 영혼을 키우는지도 모릅니다. 아이의 자람과 움직임 하나하나를 지켜보면, 아이는 삶을 다시 가르치는 선생님이 됩니다.

저는 민서를 키우며 세상을 더 깊게 보는 눈을 가지게 되었습니다. 장애아가 아니라, 세상에 둘도 없는 내 아이로 받아들이고 잘 키우겠다고 마음을 다잡았을 때, 제 영혼도 갓 태어난 아이가 되어 세상을 향해 새로 서 있을 수 있었습니다.

눈물골짜기를 지나온 이유가 거기에 있었습니다. 눈물골짜기가 아니었으면 민서를 바라보는 제 눈빛은 지금과는 달랐을지도 모릅니다. 눈물골짜기가 아니었으면 '호오, 호오'를 해주는 것이 어떤 은유를 담고 있는지 알 수 없었을 것입니다.

눈 오는 밤에

새해가 됩니다. 세상은 떠들썩합니다. 그러나 그 떠들썩함은 지난해 이맘때에도, 지지난해 이맘때에도, 또 그전에도 사람들 사이를 떠돌던 것입니다. 해가 바뀐다고 해서 사람이 달라지고 사는 모양이 달라지는 일이 뭐 얼마나 많이 있겠습니까. 오히려 저 같은 사람이 찾은 참된 시작은 시끄러운 바깥세상과는 상관없는 것이었습니다. 내 안의 눈물골짜기를 다 빠져나와 다시 살아야겠다고 무릎에 힘을 주고 일어났던, 지금은 기억도 나지 않는 어느 하루였습니다.

어느 누구에게든 눈물골짜기는 있을 것입니다. 빛깔도 다르고 깊이도 다를 것입니다. 그러나 그 골짜기를 벗어나서, 그러고도 한참이나 더 시간이 흐른 후에, 달라진 자신을 바라볼 여유가 생기게 되면, 그 눈물골짜기는 지날 만한 것이었다고 말할 수 있게 될 것입니다.

세상은 어수선한데, 이맘때 누군가 눈물골짜기를 지나고 있지 않을까 걱정됩니다. 마음을 설명할 수 없어 더 힘들어하는 사람은 없을까 걱정됩니다. 행여 그런 사람이 있다면, '호오, 호오'를 해 달라고 조르는 민서처럼 그 사람, 자신의 마음을 봐 달라고 누구에게든 졸랐으면 좋겠습니다. 또 그 마음을 보고 함께 울어 주면서 그 눈물골짜기마저 아름답게 할 이가 그 사람 곁에 있었으면 좋겠습니다.

캄캄한 밤, 다시 눈이 내립니다. 얇은 옷자락 스치는 소리마냥 눈이 속삭입니다.

"평안하세요, 평안하세요."

도라지꽃 흔들리는 날에는

"민서야."

교회 갈 시간이 되면 솔숲에서 어김없이 들려오는 목소리입니다. 저는 그 소리를 천사가 예배 드리러 가자는 소리로 듣곤 합니다. 천사는 아니지만 천사라고 해도 될 만한 분, 바로 솔숲 아래 서근터 마을에 사는 김기분 집사님입니다. 큰손녀 이름이 초롱이여서 마을 사람들은 초롱할머니라고도 부르지만, 저는 '집사님, 집사님' 하고 부르는 것을 더 좋아합니다.

있는 듯 없는 듯, 그런 슬픔

교회를 가자면 집사님은 꼭 솔숲을 거쳐야 하고, 그 솔숲에서 내려다보면 우리 세 식구가 사는 방이 보입니다. 벗어 둔 제 신발을 보거나 기저귀 가방을 챙겨 드는 저를 볼 때면, 으레 그 다정한 목소리로 민서를 부르곤 합니다, 부를 땐 그리 크지 않게, 딱 한 번 부릅니다. 원래 말수가 많지 않은 분이거니와 아이 없은 사람을 재촉하지 않으려는 마음일 것입니다.

제가 솔숲에 닿기까지 집사님은 아무 말 없이 쪼그리고 앉아 빙긋이 웃고만 있습니다. 앉은 자리 바로 아래는 도라지 밭인데, 집사님 앉은 모양도 그대로 도라지꽃입니다. 하얀색 꽃도 그렇고 보라색 꽃도 그렇고 도라지꽃이 바람에 흔들리는 모습을 보노라면 슬픔이 흔들리는 듯 여겨집니다. 이제 막 솟아나 마음을 후벼 파는 슬픔이 아니라, 세월 흐르는 동안 다 바래 버린 듯하다가 지나가는 살랑 바람에 아련히 일렁이는, 있는 듯 없는 듯한 그런 슬픔 말입니다.

집사님한테서 가끔 그런 슬픔을 느낄 때가 있습니다. 일찍 지아비를 잃고 홀로 3남 2녀를 키워 온 세월을 되뇔 때나, 낼모레 마흔이 되는 큰아들이 결혼 않고 혼자 사는 이야기를 풀어 놓을 때면 언뜻언뜻 그런 슬픔이 엿보입니다.

집사님은 그 슬픔을 기도로 달래었을 것입니다. 억수같이 비가 오는 여름날이나 큰 눈이 내려 꼼짝할 수 없는 겨울날에도 꼭 예배당에 나와서 새벽 기도를 드리는 분이 집사님이기 때문입니다. 집사님의 기도야 하나님만이 듣는 것이지만, 틀림없이 당신을 위한 기도보다 다른 사람을 위한 기도가 더 많을 것입니다.

무짠지 한 사발

집사님과 제가 잘 지내게 된 것은 민서 덕이 큽니다. 저는 어떤 일을 할 때면 민서가 놀아 달라고 울며 보채도 거의 내팽개치듯이 해놓고서는 일에만 열중하는 무정한 엄마입니다. 한창 일하다, 아차 싶어 아이를 찾으면 딸랑이만 뒹굴고 아이는 온데간데 없습니다. 그럴 땐 열에 아홉, 집사님 댁으로 내려가면 민서를 찾을 수 있습니다. 솔숲을 지나다 민서 울음소리를 듣고는 업고 가는 것입니다.

그런데 그렇게 민서가 업혀 간 날에는 꼭 달라져 돌아오곤 합니다. 이를테면 저는 가르쳐 준 적이 없는데, 민서가 잼잼이와 도리도리를 하고 빠이빠이와 반짝반짝을 합니다. 민서에게 훌륭한 선생님이자 좋은 할머니가 있다는 것이, 초보 엄마인 저에게는 얼마나 든든한 힘이 되는지 모릅니다.

집사님은 민서아빠와 저에게도 좋은 중재자가 됩니다. 우리 부부가 투닥투닥 말싸움이라도 할라치면 소리 없는 웃음으로, 혹은 몇 마디 말로 분위기를 바꿔 놓습니다. 긴 설득이나 충고가 아니라 가벼운 말로 대신합니다.

"그러고 나면 누가 먼저 풀유? 나는 예전에 시어머닐랑 투닥거려도 금세 풀렸는디, 남편일랑 어째 안 풀렸는지 몰러. 아주 한참을 갔슈. 그려서 빨리 가셨나벼."

그 말에 이런저런 얘기가 오고가다 보면 민서아빠와 저는 어느새 장난질입니다.

집사님의 살림 솜씨는 마을의 모든 사람들이 입을 모을 정도로 깔끔하고 야무집니다. 저같이 엉성한 살림꾼으로서는 감히 따라잡을 엄두가 나지 않습니다. 소를 네댓 마리나 치는 집인데도 집안 구석구석 지저분한 데를 찾아보기 힘듭니다. 마당은 늘 깨끗하게 비질이 되어 있거나 물청소가 되어 있습니다. 그 마당에서 수돗물을 틀어 놓고 손주들 양말을 빨고 있는 집사님을 자주 볼 수 있습니다. 좁은 욕실에서 세탁기를 돌리느니 넓은 마당에 앉아 손으로 빠는 것이 답답하지도 않고 더 깨끗하다는 것입니다.

음식 솜씨는 또 얼마나 좋은지 모릅니다. 우리 집 밥상에 늘 올라오는 무짠지가 있는데, 떨어질 만하면 집사님이 때 맞춰 갖다 주는 것입니다. 그것도 먹기 좋게 썰어서……. 무짠지는 김장 무에 소금만 뿌려 담가 익혔다가, 요즘같이 입맛 없는 여름철에 하나씩 꺼내 찬물에 우려먹는 충청도 음식입니다. 경상도 사람인 저는 시집와서 처음 무짠지를 먹어 보고는 도대체 짠맛밖에 없는 이것을 왜 먹나 했습니다. 그런데 요즘엔, 특히 집사님이 담근 무짠지를 먹을 땐 "하이고, 맛있어" 하면서, 국물 한 방울 남기지 않고 한 사발 후루룩 마셔 버릴 정도가 되었습니다. 무와 소금만으로 어떻게 그런 기막힌 맛을 내는지 정말 궁금합니다.

어쩌면 손맛이란 것도 사람의 마음에서 우러나오는 것이 아닌가 합니다. 집사님의 둘째아들이 읍내에서 한우 식당을 하고 있어서 가끔 고깃덩이를 우리 식구에게 줄 때가 있습니다. 그런데 고기 두 덩이를 가지고 오면 한 덩이는 교회 사택으로 보내고, 나머지 한 덩이를 반으로 나누어 우리와 집사님네가 먹게 됩니다. 그렇게 끝도 없이 나누어 주는 마음이 손에도 담겨 있어 누구도 흉내 내지 못할 그런 손맛을 내는가 봅니다.

엊그제는 들기름을 넣고 가지나물을 무쳤는데, 그 맛이 짜지 않고 얼마나 고소한지 맛만 보겠다고 했던 것을 한 번 더, 한 번 더 하면서 자꾸만 집어 먹었습니다.

어서 찍유

가장 자주 보는 집사님의 모습은 밭에서 일하는 모습입니다. 그런데 그 모습이 그리 힘들어 보이지 않습니다. 아마도 집안일과 밭일을 따로 하는 게 아니라서 그럴 것입니다. 마음먹고 날을 정해 일하러 나가는 것이 아니라 마늘 밭, 고추 밭, 콩밭을 노니는 듯이 오가며 손을 대기 때문입니다. 안 계신가 하고 보면 저쪽 고랑에서 김매고 계시고, 계신가 하고 보면 잠시 집에 내려가고 없습니다. 그래서인지 집사님의 밭에는 풀 한 포기 돋을 겨를이 없습니다. 늘 포슬포슬한 밭에는 정성어린 손길 자욱이 뚜렷합니다.

덕분에 집사님네 밭 옆에 있는 환경농업교육관 텃밭도 덩달아 정성어린 손길을 받습니다. 다니실 때 탄저병 걸린 고추가 눈에 띄면 따내어 버리고, 고추 키가 너무 자란 탓에 지금 매어 둔 줄로는 약할 것 같다며 손수 한 줄을 더 매어 놓기도 합니다. 손익을 따지자면 할 수 없는 일일 것입니다. 그저 마음 내키는 대로 해놓는 일이라 더 고맙고 살뜰한 정이 느껴집니다.

올해 예순일곱인 집사님도 가끔 소녀 같을 때가 있습니다. 며칠 전에 환경농업교육관 부엌에서 함께 일한 적이 있습니다. 어디서 왔는지 청개구리 한 마리가 그릇 위에 앉아 있었습니다. 제가 행주를 나풀거려 쫓아내려 하자, 고 녀석을 손으로 잡더니 제 손등에 올려놓으려 하였습니다. 제가 놀랄까 봐 진짜로 올려놓지는 않고 시늉만 하였습니다. 그 장난의 의미를 알아차린 저는 "으이익" 하면서 징그럽다는 표정을 지어 보였습니다. 그러고는 둘이서 마주 보며 피식 웃었습니다. 집사님은 곧바로 청개구리를 밖으로 버리기 위해 돌아섰는데, 그 순간 집사님의 뒷모습을 보면서 저는 외람되게도 집사님이 참 사랑스러운 여자라는 생각이 들었습니다.

또 언젠가는 카메라 앞에서 자세를 잡는 집사님을 본 적이 있습니다. 일본 NHK에서 우리 마을을 취재하러 왔을 때, 마을 행사에 쓰일 음식을 마을 아주머니들이 함께 준비하는 모습을 카메라에 담고 있었습니다. 카메라맨은 자꾸만 자연스럽게 일할 것을 주문하는데, 집사님은 자르고 있던 김 다발을 들고 꼼짝 안 하고는 이러십니다.

"어서 찍유."

그때도 집사님을 감싸고 있는 사랑스러운 기운을 저는 얼른 눈치 채고 말았습니다.

누군가 묻는다면

집사님은 말수가 적습니다. 그나마 빨리 말하지도 않고 목소리도 크지 않습니다. "빠릿빠릿해야 하고, 크게 또록또록 말해야 어디 가서 욕먹지 않는다"라고 친정어머니한테 늘 지청구를 들으며 자랐던 저는 집사님과 얘기할 때면 그런 부담이 없어서 얼마나 편한지 모릅니다. 솔숲에서 자리를 깔고 민서 재롱을 지켜보며 집사님과 얘기하는 것, 제 생각엔 그것이 바로 평화입니다. 세상 어디에서도 찾을 수 없는…….

언젠가 어깨를 주물러 드리다가 장난기가 일어 슬쩍 집사님 쭈쭈를 만져 보았습니다. 그리곤 둘이서 까르르 웃은 적이 있습니다. 며느리도 못 만져 보았을 것을 제가 만져 참 죄송했지만, 하나님도 그날은 함께 웃었을 것이라 생각합니다.

며칠 전에 누군가 제게 물었습니다. 도시에서 살다가 이런 시골에 적응이 되냐고……. 못할 건 또 뭐 있냐고 짧게 대답하고 말았는데, 그 뒤에 좀 더 생각해 보았습니다. 그러다가 더 그럴 듯한 말이 떠올랐습니다. 누군가 다시 물어오면 저는 이렇게 대답하겠습니다. 사람 때문에 사는 재미가 있다고…….
물론 김기분 집사님 같은 분과 이웃으로 사는 그런 재미 말입니다.

상수의 장애인등록증

오랜만에 서울 나들이를 하였습니다. 이십대에 서울에서 살았던 저에게 해마다 서울의 겨울은 참 추웠습니다. 수은주의 높낮이가 문제가 아니라 제 마음이 더 추웠던 탓일 것입니다. 일기예보와는 상관없이 그 추운 기억을 떠올리며 저는 옷을 겹겹이 껴입고 어깨에 숄까지 걸치고 서울을 찾았습니다.

그날 만난 청년

지하철을 탔습니다. 말쑥하게 차린 사람들 사이에 저도 자리를 잡고 섰습니다. 사람들 얼굴을 살폈습니다. 마음을 읽어낼 수 없을 정도로 표정이 없는 사람들. 그나마 생기를 갖고 있는 사람들은 아이들과 그들의 엄마입니다. 그 생기 있는 모습을 바라보며 빙긋이 웃고 있는데, 귀에 익은 찬송가 소리가 들려옵니다. 낮고도 가난한 목소리로 부르는 그 노래에 귀 기울이며 돌아보았습니다. 스무 살쯤 되어 보이는 다운증후군 청년이 바구니를 든 채 앞서고, 늙은 아저씨 한 분이 눈을 감은 채 청년의 팔을 붙잡고 찬송가를 부르며 뒤따르고 있었습니다. 제 마음은 무거워졌습니다.

'하나님, 왜 하필 오늘, 제게 저 다운증후군 청년을 보여 주십니까? 저것이 미래의 민서 모습입니까?'

민서와 청년의 모습을 연결시키자 코끝이 찡해졌습니다. 지금쯤 따뜻한 어린이집에서 온갖 장난을 치며 깔깔깔 웃고 있을 민서. 하나님이 민서를 우리 가정에 보내주시지 않고 행여 다른 환경에서 살도록 결정하셨더라면, 민서의 인생도 저렇게 될 수 있다는 어두운 생각이 찾아들었습니다. 그 청년뿐만 아니라 이 땅에서 춥고도 쓸쓸한 겨울을 살고 있을 모든 장애인들이 민서일 수 있다는 생각이 미치자 눈물이 그렁그렁해졌습니다. 다운학교가 지금 당장이라도 세워져 있다면 저는 그 청년의 손을 붙잡고 말했을 것입니다.

"이렇게 살지 말고 내려가요. 당신을 위해 드넓은 하늘이 있고 맑은 공기가 있고 푸른 들녘이 있고 따뜻한 밥상이 준비되어 있어요. 이렇게 구걸하지 않아도, 어느 누구도 아닌 당신 한 사람을 위해 그 모든 것이 준비되어 있어요. 이 세상에 살면서 당신이 떳떳하게 누려야 하는 것들이에요."

잠시 생각에 잠긴 사이, 두 사람은 저만치 멀어져 갔습니다. 그 뒷모습을 보며 제가 할 수 있는 일이라곤 간절한 기도밖에 없었습니다. 다운증후군 아이들이 저런 환경에 내몰리지 않도록, 더 늦기 전에 다운학교를 이 땅에 허락해 달라고 그 자리에 선 채로 기도했습니다.

그리고 예전의 저 자신을 떠올렸습니다. 불편한 몸으로 쪽지를 돌리고 볼펜을 파는 장애인들을 볼 때마다 내 앞에는 오지 말기를, 왔다 하더라도 어서 지나가 주기만 기다렸습니다. 누구를 위해 쓰일지 모르는 돈인데 그것을 사서 뭐하랴는 생각에 단 한 번도 사준 적이 없었습니다.

그러나 민서를 키우고 장애인들의 이야기가 실린 잡지를 다달이 보면서, 그들이 남이 아니란 걸 알았습니다. 시장 바닥을 기어 다니며 고무줄이나 나프탈렌, 때밀이 수건을 파는 그 사람들이 내 이웃이라는 것을 알았습니다. 그렇게 제 눈은 더 낮은 곳을 볼 수 있게 되었습니다. 그리고 그이들을 위해 일할 수 있는 날이 하루라도 더 빨리 오도록 꿈꾸게 되었습니다.

아, 예쁘다

상수는 앞마을에 사는 다운증후군 청년입니다. 그이를 처음 본 것은 4년 전, 환경농업교육관 준공식이 있던 날이었습니다. 국회의원부터 군수님, 면장님에 이르기까지 내로라하는 높은 분들이 모두 모였고 방송국 카메라까지 와서 여기저기 찍어 대던 잔칫날이었습니다. 모여든 사람만 해도 몇 천 명인지 헤아리기 힘들 정도로 바쁘고 북적대던 날이었습니다.

먹고 떠드느라 정신이 없는 그 자리에 상수가 있었습니다. 아무도 말을 걸지 않았고 심지어 저조차도 "무엇을 갖다 주랴?" 물어보지 못했습니다. 그때만 해도 민서를 향한 절망감이 저를 누르고 있던 때여서, 상수가 얼른 일어나 사라져 주기를 제일 바란 사람이 저였을 것입니다. 아주머니 한 분이 먹을 것을 차려 주자 상수는 말동무도 없이 그 상에 앉아 차린 음식을 먹었습니다.

그리고 며칠이 지났습니다. 민서아빠도 없고 저랑 민서만 사무실을 지키고 있는데, 상수가 기척도 없이 사무실에 들어섰습니다. 얼마나 소스라치게 놀랐는지 하마터면 소리를 지를 뻔했습니다. 민서에게 무슨 해코지라도 할까 봐 겁이 덜컥 났지만, 겉으로는 놀란 것을 감추고 침착하게 굴었습니다.

왜 왔냐고 물었습니다. 대답은 하지 않고 막 백일을 지낸 민서를 유심히 들여다보았습니다.

"아, 예쁘다."

상수의 첫마디였습니다. 제가 들은 상수의 말 가운데 첫마디는 그렇게 고운 말이었습니다. 발음이 정확하지 않았지만, 알아들을 만했습니다. 그러나 상수가 그렇게 고운 말을 했다는 것은 몇 년이 지나서야 새삼스럽게 떠오른 것이고, 그 상황에서 저는 얼른 상수를 내쫓아야 한다는 생각밖에 없었습니다.

이름을 묻고 전화번호를 물었지만 대답하지 못했습니다. 집으로 가는 길을 그려 보라고 했지만 그것도 알아듣지 못했습니다. 어떻게 해야 할지 난감해서 이장님에게 전화를 넣어 혼자 있어 무서우니 어떻게든 상수를 좀 데려가 달라고 부탁했습니다.

"나쁜 짓을 할 애는 아닌디, 내가 갈 텐 게 좀 기다리슈."

안도의 숨을 내쉬며 전화를 끊었습니다. 바로 그때 상수가 종이를 내밀었습니다. 거기에는 언제 그렸는지, 전기회로 같은 복잡한 그림이 그려져 있었습니다. 자를 대고 직선으로만 그린 그림이었습니다. 아마도 집으로 가는 길을 그린 모양이었습니다.

이장님이 와서 상수에게 큰 소리를 질러 대었습니다. 다시는 이곳에 오지 말라고 야단을 쳤습니다. 상수는 착하게 이장님의 트럭에 올라탔고 집으로 갔습니다.

그 일이 있고 난 다음에도 상수는 종종 환경농업교육관에 올라왔습니다. 딱히 갈 데가 없는데다, 마을에 새로 들어선 커다란 건물에 늘 사람이 북적거리니 궁금하여 올라오는 모양이었습니다. 그럴 때마다 상수를 쫓아야 하는 사람은 민서아빠였습니다. 좋은 말로 달래서, 소리 질러서, 돌을 던져서라도 쫓아야 했습니다.

하루는 우리 식구가 어디를 다녀왔습니다. 방문객이 없는 날이라 환경농업교육관을 비워 두고 잠시 다녀온 것입니다. 그런데 식당과 주방문을 잠그지 않은 채 다녀온 것이 잘못이었습니다. 식당에 가득 찬 술 냄새가 코를 찔렀습니다. 주방에 들어서니 상수가 소주병을 잡은 채 바닥에 누워 자고 있었습니다. 빈 병이 여기저기 나뒹구는 것으로 봐서, 손에 잡은 것만 마셔 댄 것이 아니라 냉장고에 있던 서너 병의 소주를 죄다 마신 것 같았습니다.

아버지 심부름

첫해 겨울에 그렇게 환경농업교육관을 자주 올라오던 상수는 봄이 되어 논갈이 밭갈이가 시작되자 걸음이 뜸해졌습니다. 알고 보니 집에서는 아버지를 도와 농사일을 곧잘 한다는 것이었습니다.

이듬해 상수 어머니가 세상을 떠났습니다. 그나마 상수가 깨끗한 옷을 입고 따뜻한 밥을 먹으며 살았던 것은 어머니가 살아계신 덕이었는데, 앓아오던 병이 너무 깊어 어머니가 세상을 떠난 것입니다. 상수 때문에 눈을 감지 못한다고 한스럽게 얘기했다는 고인의 말이 며칠 동안 마을을 떠돌기도 했습니다.

어머니가 돌아가시고 나서 상수는 아버지하고 단 둘이 살게 되었습니다. 다행히 외지에 나가 사는 형제들이 넉넉하게 살아, 끼니 걱정은 안 하는 듯했습니다. 그러나 그 즈음에 만나는 상수는 늘 손에 소주병을 들고 있었습니다. 마을 슈퍼에서 소주

한 병을 사들고는 집으로 가는 길에 나발을 불며 마셔 대곤 했습니다.

민서아빠는 그새 상수랑 정이 들어, 차를 타고 가다 그 모습이라도 볼라치면 한마디씩 타이르곤 했습니다.

"상수야. 아버지는 잘 계시냐? 그렇게 병째 술 마시면 안 된다."

그러면 상수는 어눌한 발음으로 대답하곤 했습니다.

"아버지 심부름."

그나마 상수가 아버지와 농사라도 지으며 살 수 있는 시간도 길지는 않았습니다. 아버지에게 치매가 찾아왔기 때문입니다. 한동안은 상수가 아버지 병 수발을 들었습니다. 마을에서는 상수의 처지를 안타깝게 생각하며 수군거렸습니다.

"그러게 옛말에도 그러잖어. 잘난 자식이 열 있어도 효도 하는 자식은 제일 못난 자식이라구."

그런데 아버지의 상태가 더 나빠지자 형제들이 안 되겠다 싶었는지 병원으로 모셨고 지난해부터 상수는 커다란 양옥집에서 혼자 살고 있습니다. 예전처럼 바깥을 잘 돌아다니지도 않고 어쩌다 오랜만에 만나면 그 모습이 많이 늙어 있습니다. 상수의 나이를 정확히 대는 사람이 없었는데 서른 몇 살 될 거라고들 했습니다. 그러나 요즘의 상수 모습은 쉰 살도 더 되어 보입니다. 이빨이 듬성듬성 빠져 있고 얼굴엔 주름이 가득합니다.

삶을 허비한 사람

언젠가 이장님 댁에 갔더니, 상수의 장애인등록증이 있었습니다. 사진 속의 상수는 더할 수 없이 멍한 표정이었습니다. 그 아래에는 이렇게 적혀 있었습니다. 정신지체 1급.

상수는 학교에 다니지 못했습니다. 그래서 이름도 쓰지 못합니다. 아무도 상수에게 글을 배울 수 있는 기회를 주지 않았습니다. 예전에는 다운증후군 아이들이 뭔가를 할 수 있으리라고 기대도 하지 않았기에 아예 가르치려고도 하지 않았습니다.

텔레비전에 가끔 나오는, 장애를 극복한 장애인의 이야기는 운이 아주 좋은 특별한 몇몇 장애인들의 이야기입니다. 단순노동직이라도 직업을 가지고 있는 장애인 청년들은 적으나마 교육을 받을 수 있었고 시간은 좀 걸렸겠지만 살면서 필요한 것들을 배웠습니다. 그래서 사회생활이 가능한 것입니다. 그러나 그런 특별한 행운과 기회를 만날 수 있는 장애인들이 얼마나 되겠습니까? 상수 또래의 장애인 청년들은 지금의 상수처럼 희망도 없이 즐거움도 없이 하루하루 사는 경우가 대부분일 것입니다.

하나님은 상수에게, 또 지하철의 그 청년에게 삶을 허비라하고 이 세상에 태어나게 하지는 않았을 것입니다. 상수에게 교육의 기회가 주어졌더라면 상수는 정신지체 1급의 삶을 살지 않았을지도 모릅니다. 하지만 다른 삶을 살 수 있는 기회를 상수 스스로 찾아내거나 얻을 수는 없습니다. 곁에 있는 사람들이 그 기회를 얻을 수 있도록 도와주어야 합니다. 그렇게 서로 도우라고 하나님은 우리 곁에 상수 같은 이들을 주셨을 것입니다. 삶을 허비하고 잘못 산 것은 상수나 상수 같은 장애인들이 아니라, 그들을 외면한 채 도와주지 않고 살아온 저 같은 사람이었는지도 모릅니다.

그래서 요즘에는 자나 깨나 꿈꾸고 기도합니다. 그들을 위해 일할 수 있는 날을 얼른 허락해 달라고……. 하루라도 더 젊었을 적에, 건강하여 온 힘을 쏟고 또 쏟아도 지치지 않을 적에, 그들을 위해 일하게 해 달라고……. 그날이 오면 저와 함께 일해 주실 수 있나요?

들꽃, 장애아의 엄마들

호박잎에 비 듣는 소리가 함초롬히 귀를 적십니다. 덥다덥다 하던 숱한 여름날도 어지간히 물러간 모양입니다. 들녘에는 구수름하게 벼 익는 냄새가 퍼지고, 마음 급한 가을 들꽃도 하나 둘 얼굴을 내밀기 시작합니다.

들꽃을 바라보면, 작게 피었다 하더라도 숨어 피었다 하더라도 아무렇지 않은 곳에 피었다 하더라도 눈길을 줄 때마다 다정한 기운을 느끼게 됩니다. 송송 구슬땀을 흘리며 논밭에서 일할 때 논둑 밭둑에 핀 들꽃은 힘드냐고, 괜찮냐고 마음을 쓰다듬어 줍니다. 잡풀 취급을 받으며 낫이나 예초기에 무참히 잘려 나가면서도 아무 소리 없이 꽃을 피우는 그 마음을 헤아리자니, 이 땅에서 이름 없는 들꽃처럼 살고 있는 엄마들이 떠오릅니다.

남의 눈물을 닦아 주기 위해

한 친구가 오랜만에 전화를 걸어왔습니다. 간단한 안부를 묻더니, 민서를 가졌을 때 양수 검사를 했냐고 물었습니다. 가까운 사람이 아이를 가졌는데, 병원에서 말하기를 다운증후군 아이일 가능성이 있으니 양수 검사를 하자고 했다는 것입니다. 검사를 앞두고서 온 집안이 두려워하고 있는 모양이었습니다. 확률이 어떻고 가능성이 어떠하다는 의사의 말 한마디가 그렇게 사람들에게 생각지 못한 두려움을 가져다주는 모양입니다.

저 또한 양수 검사를 놓고 혼란스러워 하던 때가 있기는 했습니다. 그런데 저는 하지 않았습니다. 그 이유를 대면 저더러 참 태평하고 무모했다고 할지 모르겠으나, 어쨌든 저는 하지 않았습니다. 아이 스물한 명을 낳을 경우, 그 가운데 한 명이 기형아일 수 있다는 확률이 실감나지 않았고, 기형아라도 내 자식이니 낳아서 책임지고 기르겠다는 남편의 든든한 결정이 있었습니다. 게다가 시댁의 셋째 형님이 서른아홉에 첫 아이를 가졌는데, 저와 똑같은 말을 병원에서 들었으나 건강하고 튼튼한 아이를 자연분만으로 낳았기 때문에, 저 또한 그럴 것이라고 확신했습니다. 그러고 보니 병원에서 쓰는 기형아라는 말이 얼마나 험한 말인지요? 태어나면 장애아로 불리지만, 태어나지 않은 아이는 그렇게 기형으로 불리며 생명으로서의 가치조차 인정받지 못합니다. 민서도 병원에서 보면 기형아였던 셈입니다.

이유야 어찌되었건 저는 양수 검사를 하지 않았고 장애아의 엄마가 되었습니다. 이 땅에서 장애아의 부모가 된다는 것은 그리 쉽고 간단한 문제가 아닙니다. 민서가 다니는 어린이집은 장애아를 위한 어린이집인데, 때때로 저와 같은 처지의 부모들을 만날 기회가 있습니다.

한 어머니가 말했습니다.

"이런 어린이집이라도 있으니 얼마나 다행인지, 얼마나 감사한지 몰라. 예전에 우리 애를 유치원에 넣으려고 했는데, 유치원 문 앞에 설 때마다 얼마나 조마조마했는지……. 애를 받아주지 않겠다고 하면 다른 데를 알아보면 되지, 하고 단단히 마음먹고 들어갔는데도 괜히 주눅 들고 미안하고 그랬거든. 그러다가 정말 안 된다고 하면 집 안에 틀어박혀 며칠을 울곤 했어. 다행히 받아 주겠다는 유치원이 있었는데 우리 애가 적응을 못해서 얼마 못 다녔어. 그래도 그 원장님 말이 얼마나 고마웠는지 몰라. 요즘엔 부모님들 생각이 많이 바뀌어서 장애아가 있어도 뭐라고 하지 않습니다, 그렇게 말씀하는데 그 말이 얼마나 위로가 되는지 원장님 손잡고서 그 자리에서 펑펑 울었다니까."

그 어머니의 경우뿐만 아니라 이 땅에서 장애아의 부모들은 남몰래 얼마나 많은 눈물을 흘리겠습니까? 하소연할 데 없어 답답한 일, 남들은 이해 못하는 일들을 얼마나 많이 겪으며 살고 있겠습니까? 한 발달장애아의 어머니는 신변 처리를 잘하지 못하는 아이 때문에 자신의 소원은 아이보다 딱 하루를 더 사는 것이라고 했습니다. 그런 절박한 소망이 이 땅에 아직도 있고, 또 더러는 스스로 목숨을 끊는 장애인이 여전히 이 땅에 있는 것을 보면, 장애인을 감당하고 있는 우리 사회가 아직 많은 것을 준비하지 못했다는 생각도 듭니다. 또 그 속에서 장애아의 부모들은 얼마나 많은 것들을 감당하고 참으며 살고 있나 하는 생각도 듭니다.

그래도 예전에 비하면 지금은 형편이 많이 나아졌습니다. 민서만 해도 가까운 곳에 무료로 보낼 수 있는 어린이집이 생겼고, 또 가까운 대학에서 언어치료를 받을 수 있게 되었습니다. 한두 해 전만 해도 이런 시설이 없어서, 차를 몇 번이나 갈아타면서 서울이나 대도시의 내노라하는 복지 시설을 찾아 헤맨 엄마들이 많았습니다. 홍성은 별로 넓지 않은 지역인데, 다행히 좋은 시설과 프로그램들이 생겨나고 있어서 십 년 뒤, 이십 년 뒤를 밝은 눈으로 내다보게 됩니다.

장애인을 감당하려는 우리 사회의 눈이 예전에 비해 이렇게 많이 나아진 까닭을 저는 좀 다른 데서 찾고 싶습니다. 장애인을 위해 보이는 곳에서 큼직큼직하게 일한 손길도 많고, 또 그 손길에 마땅히 박수를 보내야 합니다. 하지만, 보이지 않는 곳에서 작고 하찮은 것을 기꺼이 감당하고 있는 장애아의 엄마들은 정작 잘 드러나지 않는데, 그분들의 눈물과 노력도 결코 가벼이 여길 수 없습니다.

다운증후군 가족들의 모임인 다운센터의 홈페이지에는, 준비되지 않은 마음으로 장애아의 부모가 된 초보 엄마 아빠들이 간절히 도움을 바란다는 글을 끊이지 않고 올려놓습니다. 그 글들을 읽고 있노라면, 절박한 사정이 남의 일 같지 않아 가슴이 짠해지곤 합니다. 그리고 그 글들 밑에 꼬박꼬박 붙어 있는 답글을 열어 보면서, 그 답글을 쓴 이의 따스한 관심과 위로가 들꽃처럼 소박하면서도 어여쁘다는 생각을 하곤 합니다.

어느덧 중학생, 고등학생을 키우는 엄마가 되어 있으면서도 예전에 흘렸던 눈물을 고스란히 기억하고, 자신들의 경험과 지식을 자상하게 가르쳐 주는 엄마들. 자신들이 아이를 키울 때 그 어느 곳에서도 위로와 정보를 얻지 못한 바로 그 사람들이, 갓난쟁이를 안고 괴로워하는 후배들에게 희망의 손길을 건네고 있는 것입니다. 십 년 전, 이십 년 전에 그들이 남몰래 흘린 눈물을 뉘라서 닦아 줄 수 있었겠습니까? 비록 자신의 눈물을 닦아 준 사람은 없었어도, 남의 눈물을 닦아 주기 위해 아무도 알아주지 않는 그 작은 일들을 기쁘게 해내고 있는 그이들이 존경스러울 따름입니다. 그이들의 그 귀한 노력이 쌓이고 쌓여 저 같은 사람에게도 영향을 끼쳤고, 이렇게 세상에 드러내 놓고 민서를 키울 수 있는지도 모르겠습니다.

양수 검사를 한다는 것은 뻔히 내다보이는 어떤 결정을 이미 마음속에 내렸음을 인정하는 것이라고 생각합니다. 그런 점에서 어떤 사람들은 양수 검사를 하지 않은 저를 두고 불행을 자초한 어리석은 사람이라고 혀를 찰지 모르겠습니다. 하지만, 제가 민서로 인해 괴로워서 흘린 눈물은 아주 잠깐뿐이었습니다. 그 다음에는, 흘린 눈물보다 수십 곱절 더 많은 축복이 우리 집에 흘러넘치는 것을 느낍니다. 또 참된 축복이 무엇인지 알게 된 걸 생각하면, 민서가 우리와 함께 있다는 것이 그저 감사할 따름입니다.

지금 생각하면 양수 검사를 받지 않겠다고 마음먹은 그 순간이 제게는 축복의 순간이었습니다. 민서 덕분에 저는 세상을 다른 눈으로 보게 되었고, 예전에 좇던 삶의 가치가 얼마나 헛된 것들이었나를 알게 되었기 때문입니다. 예전에 저를 알던 사람이 요즘의 제 글을 읽거나 사는 모양을 보게 된다면, 놀라도 한참 놀랄 것입니다. 그렇게 제 삶은 민서 덕분에 송두리째 바뀌었습니다. 그러나 그렇게 바뀐 삶이 얼마나 다행스러운지, 민서에게 팔베개를 해주고 머리를 쓰다듬어 주는 그런 사소한 순간이 더없이 행복하고 감사해서 눈물을 글썽이곤 합니다.

저뿐만 아니라, 장애아를 키우는 다른 부모들도 아이 때문에 울고 웃는 나날들을 살고 있을 것입니다. 눈물을 흘려 본 사람은 웃는다는 것이 얼마나 소중하고 아름다운 것인지 잘 압니다. 남들에게는 아무렇지도 않고 당연한 것들이 눈물을 흘려 본 사람에게는 귀하고 귀한 축복으로 보입니다. 그리고 남의 눈물도 얼마나 아픈 것인지 이해하게 됩니다. 보이지 않는 곳에서 장애아를 키우고, 또 장애인을 위해 일하는 모든 엄마들도, 그런 눈물을 한바탕 흘린 뒤에야 세상을 향해 다시 섰을 것입니다. 그이들로부터 받은 것이 많은 저도 장애아들을 위해 뭔가 나누려는 꿈을 꾸고 있습니다. 그 일을 민서와 함께할 수 있다면 더욱 좋을 것입니다.

민서가 태어난 날, 핀잔을 주던 산부인과 의사의 얼굴을 또렷이 기억합니다.

"그러기에 양수 검사를 왜 안 하셨죠?"

그때는 아무 대답도 못했으나 이제 당당하게 대답할 수 있습니다. 민서가 이 세상에 태어나 엄마 아빠와 더불어 꼭 해야 할 일이 있기 때문이라고. 그 일 때문에 하나님께서 양수 검사를 하지 못하도록 우리의 생각을 간섭하였고, 그때부터 지금까지 그 일은 조금씩 이루어지고 있다고. 그 아름다운 일을 기형아 검사나 양수 검사라는 것으로 막을 수 있었겠냐고.

들꽃처럼 다시 퍼뜨리고 있는

텔레비전에서 장애인의 이야기가 나오면 가끔 흘러나오는 노래가 있습니다.

'당신은 사랑받기 위해 태어난 사람…….'

참 좋은 노래입니다. 그런데 그 노래는 비장애인들이 장애인을 위해 불러 주는 노래가 아니라, 거꾸로 장애인들이 비장애인 모두에게 불러 주는 노래라고 생각해 본 적이 있습니다.

장애인들이 사랑을 받기만 한다고 생각하는 것은 큰 잘못입니다. 장애아를 키우는 부모들은 잘 압니다. 그 아이들이 주위의 비장애인들에게 얼마나 많은 사랑을 나눠 주고 있는지, 또 나눠 주고 싶어 하는지를……. 장애아로부터 소중하고 귀한 사랑을 받아 본 그 엄마들이 세상에 작고 작은, 그러나 참 따뜻하고 힘 있는 사랑을 들꽃처럼 다시 퍼뜨리고 있는 것만 보아도 알 수 있습니다.

저는, 세상이란 곳에서 삼십 년을 넘게 깃들어 살면서도 장애인들에게 눈길 한번 주지 않고 살았습니다. 그런 사람이, 사랑 많은 네 살배기 민서 덕분에 장애인과 비장애인을 함께 사랑하는 눈을 갖게 되었습니다. 축복은 눈물과 함께 주어진다는 소중한 사실도 알게 되었습니다.

이 세상에 사랑이 메말라 간다고 말한 적 있으신가요? 눈을 들어 장애인들을 바라보세요. 그들 뒤에 말없이 서 있는 엄마들을 바라보세요. 사랑은 너무도 가까이 우리 곁에 있습니다.

두 번째 콩깍지

시골이면 어때, 참 좋은 홍성

일년에 한 번 있는 운동회.

아이들만 신나라는 법 없습니다.

논에서 피사리하던 아빠도, 콩 타작하던 엄마도

들깨 말리던 할머니도

오늘은 일손 딱 멈추고 아이들 편을 들어주기로 합니다.

"오늘은 여러분의 날입니다."

교장 선생님의 말씀도 길지 않아 좋습니다.

버스 시간이 지 맘대로여

정류장에서 기다리던 아주머니 한 분이 탔는데도 버스는 떠나지 않습니다. 탈 사람이 더 있는 건가, 버스 안의 모든 사람들이 이쪽저쪽을 훑어봅니다. 저만치 윗마을에서 아주머니 한 분이 종종걸음으로 내려옵니다. 그런데 참 야단났습니다.

기사 양반이 참 좋구만

마을에서 정류장까지는 그리 멀지 않습니다. 문제는, 으레 시골길이 그러하듯이 오른쪽으로 구불, 왼쪽으로 구불, 한참을 구불구불 돌아 나와야 한다는 것입니다. 이제 막 대문을 나선 데다, 머리 위에 무거운 보따리까지 이었으니 버스는 하릴없이 아주머니를 기다려야 될 듯싶습니다. 고작 5분 정도이겠지만 시간 맞춰 다니는 버스를 세워 놓는 일이라 모두들 초조해집니다.

그런데 아주머니 걸음은 왜 그다지 느린지……. 마음은 급하고, 앞뒤로 힘차게 흔드는 팔도 급한데, 정작 다리는 마음과는 달리 참 태평합니다. 열심히 뛰는데도 젊은 사람의 잰걸음보다 훨씬 느립니다.

버스 안의 사람들만큼 초조했던 것일까요? 아주머니 뒤로 경운기 한 대가 탈탈거리며 따라나섭니다. 짐이 무거우니 그것이나마 덜어 주고 싶은가 봅니다. 그런데 경운기나 아주머니 걸음이나 느리고 답답하기는 매한가지입니다. 참다못해 누군가 한마디 합니다.

"일찌감치 나와 있지, 뭐하고 있었댜?"

버스 안에서 제일 속 타는 사람은 기사 아저씨일 것입니다. 순하게 늙은 아주머니들이 그 마음을 훤히 읽고서 먼저 꺼낸 말입니다.

드디어, 보다 못한 아주머니 한 분이 버스에서 내립니다. 아주머니의 걸음도 빠르지는 않지만, 그래도 머리에 인 보따리를 건네받으니 답답해 보였던 아주머니의 걸음이 사뭇 가뿐해집니다. 그런데 이번에는 아저씨 한 분이 버스에서 또 내립니다. 다시 보따리를 건네받고 믿음직한 모습으로 성큼성큼 되돌아옵니다. 뒤따라 아주머니 두 분도 차례대로 올라탑니다.

"기사 양반이 참 좋구만."

"기사 양반, 고마워유."

버스 안에는 기사 아저씨를 칭찬하는 말들이 가득 떠다닙니다. 한마디 불평 없이, 버스는 다시 떠납니다.

구불구불 시골길, 흔들흔들 시골 버스……. 버스가 흔들릴 때마다 아주머니들의 파마머리도 같은 장단으로 흔들립니다. 차창 밖 코스모스, 벌개미취, 쑥부쟁이도 같이 흔들립니다. 저 멀리 경운기가 느긋하고 편안하게 되돌아가는 것이 보입니다.

버스 오는 시간은 따로 있다

우리 마을 버스는 하루에 네 번 들어왔다 나갑니다. 두 시간 간격으로 다니다 보니, 마을 사람들은 버스를 놓칠세라 마음이 조마조마해서 일찍 정류장에 나와 있습니다. 그도 그럴 것이 이 버스는 시간이 제 맘대로이기 때문입니다. 가령 11시 30분 버스라면, 어떤 때는 정확하게 30분에, 어떤 때는 40분에, 또 어떤 때는 45분에 올 때도 있습니다.

'저번에 40분에 왔으니까 이번에도 그럴 테지.'

좀 느긋한 마음으로 나서다 보면, 그날은 틀림없이 헐레벌떡 뛰어야 합니다. 아주머니도 그런 까닭으로 늦었을지 모릅니다.

마을 사람들 누구나 한두 번은 그런 경험이 있게 마련이어서 웬만하면 10분이나 15분쯤 일찍 나와 있습니다. 어쨌거나, 일찌감치 정류장에 나온 사람들은 윗마을 아랫마을 이야기를 서로 나누는 재미를 덤으로 얻습니다. 농사 이야기, 혼사 이야기, 이사 이야기를 하면서 마치 쉼표라도 찍듯, 이야기 사이사이에 고개를 돌려 버스길을 쳐다보곤 합니다. 그리고 매번 같은 말을 합니다.

"버스 시간이 지 맘대로여."

그래도 사람들이 들고 나는 낮에는 괜찮습니다. 사람 만나는 재미도 있고 들녘 구경도 나쁘지 않습니다. 그런데 해 떨어지고 난 뒤 막차라도 기다릴라치면 얼마나 속이 타는지 모릅니다. 게다가 겨울날이면 쌀쌀함도 쌀쌀함이려니와 혼자 서 있기가 무서울 정도입니다.

여섯 시 반에 와야 하는 막차가 20분이 지나도 오지 않은 적이 있습니다. 해는 이미 떨어지고, 그 시간에 시내로 나가는 사람이 있을 리 없었습니다. 멀리서 개는 짖어대고, 솔숲은 시커멓게 서서 파도 소리를 겁나게 내지르고, 집집마다 따스한 불빛이 새어나오는데 귓불에 스치는 바람은 어찌나 차가운지……. 혼자 생각해도 그 처지가 얼마나 불쌍했는지 모릅니다. 게다가 오가는 승용차도 거의 없으니 가슴은 쿵당쿵당, 몸은 더 얼어붙었습니다.

'정확히 30분에 맞춰 나왔는데, 오늘따라 이 차가 일찍 와서 가버렸나, 날씨가 너무 추워 아예 들어오지 않았나, 만약 가버렸으면 시내에는 어떻게 나가나, 지나가는 승용차라도 불러 세워야 할 텐데…….'

머리에 스치는 생각이 어디 한둘이었겠습니까? 그러다가 저 멀리 윗마을에서부터 자동차 불빛이 보이면 얼마나 설레는지 모릅니다. 어둠 속에서 승용차와 트럭, 버스의 불빛은 다릅니다. 그런데도 모든 불빛을 버스로 잘못 보며 '이번에는, 이번에는' 하고 기다리는 것입니다. 그런데 사람이 서 있는 것도 안 보고 씽 지나가는 승용차이거나, 이미 사람 앉을 자리는 다 차버린 트럭이 지나가면 이만저만 실망이 아닙니다.

지금 생각해 보니 그렇게 간절한 때일수록 버스가 오는 시간은 따로 있는 듯합니다.

'정말 가버렸나 보다, 걸어서라도 가야 하나 보다.'

그렇게 포기하고 있을 때, 바로 그때라야 버스가 오는 것입니다. 윗마을 솔숲을 돌아 나오는 버스. 어둠 속에서 그 불빛은 반갑다 못해 온갖 생각을 심어 주기에 족합니다. 몇 천만 원짜리 고급 승용차가 그보다 더 멋있고 반가울까 생각될 정도로.

어쨌거나 무사히 그 버스를 타 본 사람은 압니다. 따스한 불빛이 내 앞에 멈출 때, 그 따스한 불빛 속으로 올라설 때, 가슴을 채우고도 남는 그 행복을…….

계절따라 보따리따라

도시에서 살 때도 버스는 있었습니다. 그런데 그 많은 버스 가운데 유독 기다리는 버스만 오지 않을 때가 있었습니다. 그때의 짜증이란, 정말 사람을 지치고 힘들게 했습니다. 붕붕대는 차 소리, 매캐한 공기, 가게에서 틀어 놓은 쿵작쿵짝 빠른 음악……. 겨우 타고 나서도 그 짜증은 쉽게 가시지 않았고, 버스를 타는 작은 일이 도시 생활 자체를 힘들게 만들었습니다.

그런데 똑같이 시간을 잘 지키지 않는, 대책 없는 우리 마을 버스는 오히려 정이 쏠립니다. 사람 냄새가 나고 아름답기 때문입니다. 우리 마을 버스가 시간을 잘 지키지 않는 것은 교통 체증에 걸려서도 아니요, 노선이 같은 버스가 두 대 잇달아 지나가 버려 운행 사이가 넓어진 것도 아닙니다. 도시 버스와는 달리, 우리 마을 버스는 사람을 먼저 챙겨 주는 마음을 지니고 있기 때문에 그렇게 시간이 제 맘대로인 것입니다.

정류장이 아니라 버스 길 어디라도 서 있기만 하면 버스 문은 친절하게 열립니다. 보따리가 너무 무거워 아주머니들이 정류장까지 들고 가지 못하는 것을 아는 것입니다. 그리고 차 시간을 잊어버린 사람이 있을까 봐 정류장 못 미쳐서 '빠앙' 신호음도 울려 줍니다. 정류장에서 못다 한 이야기를 버스 안에서 나누어도 누가 뭐라는 사람 없고, 칠순 할머니가 팔순 할머니께 앞자리를 양보하고 뒷자리로 옮겨 앉기도 합니다.

그런 것 말고도 우리 마을 버스가 좋은 이유는 얼마든지 있습니다. 우선 꼽을 수 있는 것은 그날 버스 안에 함께 오른 보따리를 보는 일입니다. 마늘 거둘 때, 양배추 거둘 때, 옥수수 딸 때, 고구마 캘 때, 고추 팔 때……. 든 것에 따라 보따리의 모양도 크기도 달라집니다. 우리 마을에서 계절은 달력따라 바뀌어가는 것만은 아닙니다. 버스 안에 오른 보따리를 따라 바뀌어 간다고 해도 틀리지 않습니다.

30분 남짓 버스를 타고 시내로 나올 때까지 그 경치는 또 얼마나 아름다운지……. 산수유, 수선화, 자두꽃, 상사화, 붓꽃, 백합, 수국, 채송화, 과꽃, 백일홍, 해바라기, 도라지꽃……. 때가 되면 전염병 돌 듯이 집집마다 차례대로 피어나는 꽃이 참 기가 막힙니다. 수선화가 필 때는 온 마을에 노랑 구름이, 상사화가 필 때는 온 마을에 분홍 구름이 떠다니는 것 같습니다. 그 꽃들은 한 그루씩 이 집 울타리에서 저 집 울타리로 번져가서 그렇게 구름처럼 탐스러워졌을 것입니다. 해마다 사람은 늙어가지만, 꽃은 번지고 번져서 온 마을을 꽃 천지로 만들지도 모르겠습니다.

꽃구경도 좋기만 한데, 어쩌다 흥이 더해지는 날은 버스 안에서 제가 좋아하는 노래를 들을 때입니다. 꽃구경 제대로 하라고 가끔은 조용필도 틀어 주고 이미자도 틀어 주는데, 그러면 세상과 세월은 버스길 뒤로 저만치 흘러가 버리고 그만 꽃구름에 둥실 올라타는 것 같습니다. 그런 날은 기쁨도 슬픔도 아픔도 한 가지 빛깔이 되어 다 이해하고 다 용서할 수 있을 것 같습니다.

그렇지만 노래보다 더 마음을 흔들어 놓는 것은 그 속에 깃든 사람, 그들의 이야기입니다. 도시에 살다 가끔 시골로 여행 왔을 때는 몰랐습니다. 들판 가득 벼가 넘실대면 그 넉넉한 풍경만 눈동자에 담아 가곤 했습니다. 하지만, 그 풍경 속에 들어와 살아 보니 바람에 흔들리는 그 곡식들 속에 마을 사람들의 수고와 한숨도 같이 흔들리고 있다는 것을 알게 되었습니다.

지난번 비에 논이 온통 진흙탕이 되어 한 해 애써 키운 벼를 한 톨도 거둘 수 없는 논을 알고 있습니다. 부지런하던 유 씨 아저씨, 올해 파 농사로 돈 좀 버신 줄 알았더니 갑자기 중풍으로 쓰러져 그 밭에 잡초 무성해진 것을 압니다. 뒷집 할머니 몸이 아플 때, 큰 병원은커녕 홀로 면소재지 보건소까지 버스를 타고 나가 주사 한 대 맞고, 약 한 봉지 받아 돌아오는 것을 압니다. 우리 마을 버스가 없었다면 이 모든 것을 전혀 모르고 살았을 것입니다.

고객과 사람

요즘 도시의 많은 사람들은 '고객'으로 대접받으며 살아갑니다. 매일 보는 신문이나 잡지, 텔레비전에서 필요한 물건을 사라고 가르쳐 주니 그것을 사서 쓰게 되고, 더불어 '만족'과 '감동'을 한 아름 받으며 행복하게 살고 있는 것 같습니다. 그러니 도시 사람들에 비해 물건을 덜 사 쓰는 시골 사람들은 고객 대접을 받을 일도, 만족하거나 감동을 받을 기회도 적을 수밖에 없습니다.

하지만 도시 사람들도 부러워할 만한 우리 마을 자랑거리가 하나 있으니, 그것이 바로 버스입니다. 도시에서 버스도 타 보고 지하철도 타 본 저는 자신 있게 말할 수 있습니다. 빠르고 자주 있다는 이유로 기껏 달려온 사람의 얼굴 바로 앞에서 인정사정없이 문을 닫아 버리는 지하철이나, 차도까지 달려 나가 간신히 타야 하는 버스와는 달라도 한참 다른 버스입니다.

소박한 끼니, 몇 벌 안 되는 옷가지, 밑반찬이며 주전부리를 빼면 크게 인심 쓸 일도 없는 사람들……. 그들을 생각해 주는 버스, 시간이야 조금 늦더라도 '지 맘대로' 사람을 기다려 주는 인심 좋은 버스가 우리 마을에는 있습니다. 사람 자격으로 떳떳하게 타고 다닐 수 있는 그런 버스 말입니다.

화신슈퍼

바람이 지나갑니다. 숲을 지나온 바람이 온 마을을 스치며 지나갑니다. 그 덕에 감나무 잎이 두꺼워지고 콩대가 튼튼해지고 개망초가 하얗게 그리움을 피웁니다. 논으로 달려가는 바람을 보고 있노라면 초록빛 바다 잔물결이 떠오릅니다. 기세좋게 솟아오른 벼 잎을 쓰다듬으며 어딘지 급하게, 숲숲숲숲, 바람이 지나갑니다.

작고 낮은 가게

마을 어귀에 구멍가게가 있습니다. 자그마한 조립식 건물인데 그래서인지 동네 아주머니 몇 분은 하꼬방으로 부르기도 합니다.

가게라곤 하지만, 언뜻 보면 오래 전에 장사를 그만둔 것 같아 보입니다. '화신슈퍼'였던 간판의 글자는 반 이상 날아가 버려 ' ㄴ슈ㅍ'가 되어 있습니다. 나무로 짠 공중전화 박스에는 이

제 공중전화는 없고 파리 끈끈이가 놓여 있습니다. '존중하게 사용할 것'이라는 경고 문구만이 공중전화가 있었다는 기억을 떠올려 줍니다. 게다가 유리문에는 안을 들여다볼 수 없게끔 비닐을 붙여 두었습니다. 하릴없이 분홍색 싸구려 커튼을 들추고 안으로 들어서야 비로소 가게임을 알 수 있습니다.

물건도 그렇습니다. 읍내의 큰 슈퍼처럼 종류대로, 상표대로 잔뜩 갖춰 놓지는 않았습니다. 한 종류씩, 그것도 많지 않은 양을 갖다 놓았을 뿐입니다. 하지만, 작고 낮은 이 가게는 다 알고 있습니다. 시골살이에 필요한 것들이 무엇인지를……. 마을 사람들도 다 압니다. 가게에 무엇이 있고 없는지를……. 목장갑, 파리 끈끈이, 모기약, 종이컵, 붙이는 파스, 마시는 소화제, 국수다발, 조미료, 라면, 설탕, 빨래비누……. 시시콜콜 필요하게 마련인 물건들이 그렇게 있는 듯 없는 듯 선반 위에 한 자리씩 차지하고 있습니다. 마침 갖추고 있어서 살 수 있으면 좋고, 없으면 발길을 돌려도 서운치 않은 뭐, 그런 분위기입니다

가게 앞에는 나무 의자가 하나 있습니다. 누군가 망치질을 하여 직접 짠 것입니다. 솜씨 좋은 목수의 작품은 아닌 듯하고, 뚝딱뚝딱 쉽게 만든 것입니다. 의자의 나이는 꽤 많아 보입니다. 나무의 본래 색깔을 잃은 데다 앉는 자리마저 아래로 약간 휘어져 있습니다. 갓 만들어졌을 때는 반듯하고 단단한 의자였을 것입니다. 나이 들수록 날카로움과 팽팽함이 사라지는

사람의 얼굴처럼 의자도 그렇게 예전의 모습을 잃었습니다. 그나마 얼마 전부터 원래 있던 자리를 뺏기고 옆으로 비켜나 있습니다. 주인 내외가 오렌지색의 널찍한 비닐 소파를 얻어 가게 앞에 둔 탓입니다. 어떻게 보면, 오렌지색 비닐 소파와 오래된 나무 의자의 부조화가 오히려 이 가게에 더 잘 어울리는 듯도 싶습니다.

저는 매일같이 비닐 소파에 앉거나 나무 의자에 걸터앉아 민서를 기다립니다. 민서가 다니는 어린이집 노란 버스가 가게 앞에 닿기 때문입니다.

"그새 다섯 시 되었구먼. 하루가 어떻게 가나 몰러."

제가 앉아 있는 모습을 보고 가게 아주머니가 인사를 건넵니다. 매일 나가 앉았는데, 시간 아니면 날씨 이야기로 인사를 대신합니다.

비 오는 날엔 "에이, 구적거려. 비가 와도 너무 와." 메마른 날엔 "어쩌자고 이리 가물어? 비가 한 번 와야 하는디." 요즘처럼 더운 날엔 "더웁구 아주 짜증나구. 어려워."

그러면서 심심하게 앉아 있는 저에게 꼭 뭔가를 건네십니다. 드링크제 아니면 '쭈쭈바', 아니면 작은 요구르트. 남는 거 뭐 있냐고 안 받으려 해도 막무가내입니다.

"얼른 먹어. 자, 뚜껑 땄어."

그렇게 해서 아주머니와 이야기를 나누기 시작합니다. 하지만, 그리 길게 이어지지는 않습니다. 겉보기엔 장사가 되거나 말거나 문만 열어 둔 가게처럼 보여도 제법 손님들의 발길이 잦기 때문입니다.

밭일, 논일 하는 아저씨 아주머니들이 간식으로 빵과 아이스크림, 음료수와 술을 사러 오는가 하면, 학교 끝나고 집에 돌아가는 학생들도 꼭 아이스크림 하나씩은 물고 가게 마련입니다.

어떤 땐, 오토바이 두어 대와 트럭 두어 대가 멈춰 있기도 합니다. 오가던 아저씨들이 모여 앉아 이야기꽃을 피우고 있다는 표시입니다. 겨울엔 가게 안 탁자에 둘러앉아, 요즘같이 더운 날엔 바깥 의자에 앉아 느긋하게 이야기를 나누십니다. 이야기의 내용은 이 나라 정치일 수도 있고, 농가부채일 수도 있으며, 농사 기술일 수도 있습니다. 그것도 아니면 날씨 때문에 수확량이 오죽잖다는 이야기이거나 누가 밭을 내놓았거나 새로 샀거나 하는 이야기일 것입니다.

그 시간이면 시외버스도 가게 앞에 멈춰 섭니다. 읍내에서 장을 보고 돌아오는 아주머니, 한의원이나 도립병원에 다녀오는 할머니, 교복을 입은 학생들을 아무렇지 않게 내려놓고 갑니다.

마을 사람들의 차도 심심치 않게 지나다닙니다. 차의 색깔이나 운전하는 습관이나 낡은 엔진소리만으로도 누구네 차인 줄 금방 알아맞힐 수 있습니다.

그런가 하면 예닐곱 명의 아주머니들을 태우고 지나가는 트럭도 종종 볼 수 있습니다. 삯을 받고 논일이나 밭일을 해주는 분들입니다.

"논 매는 이들이구먼. 아유, 쳐다만 봐도 어려워. 저렇게 일하구서 3만 5천 원 받는다고 하더믄. 나 같음 그 돈 받구 모뎌. 허리 아파, 다리 아파, 좀 힘든감?"

어느새 주인아주머니가 옆에 와서 다시 말을 붙입니다. 줄곧 허리를 숙이고 일해야 하는 데다, 벼 포기 사이로 걸음을 옮겨 놓는 것이 쉽지 않은 논일. 여느 때 쓰지 않던 근육을 다 써서 일해야 하니 팔 다리 근육이 뭉치는 것은 당연하고 허리도 뻐근하거니와 손가락 관절도 쑤십니다. 그런 일을 해 떠서 해질 때까지 해야 하는데, 한번 논에 들어가면 오줌 누는 일도 쉽지 않습니다. 더군다나 여름에는 해가 길어서 아침 일곱 시 반에 시작해 저녁 여덟 시까지 일하기 일쑤입니다. 시간으로 따지자면 열두 시간이 넘는 고된 노동입니다. 그런데도 하루 품삯이 3만 5천 원. 그나마 2만 5천 원인 밭일에 비하면 많이 쳐주는 셈입니다.

큰 비나 와야 쉴까, 그이들은 여름내 그 일을 합니다. 논일이 있으면 논으로, 밭일이 있으면 밭으로, 그 와중에 당신들의 집안일과 농사일까지 다 해놓아야 합니다. 무전유죄無錢有罪라는 말도 있지만 시골에선 무전유죄無田有罪도 맞는 말인지 모릅니다.

그렇게 나이 칠십이 넘도록 1년 365일 일하는 아주머니들이 트럭에 실린 채 지나가면, 이번에는 읍내의 학원차가 잠시 섰다 갑니다. 초등학생 두어 명을 읍내로 데리고 갔다가 어둑어둑해지면 데리고 오는 것입니다. 어떤 날엔 관광버스도 가게 앞에서 좌회전을 합니다. 녹색농촌 체험마을이 된 이곳에 유기농 체험을 하거나 환경농업 교육을 받으러 오는 사람들이 늘어났기 때문입니다.

연극처럼

가게 앞에 앉아 있는 시간이 그리 길지 않건만, 이렇듯 보는 것이 적지 않습니다. 마치 무대 장치는 그대로인데 등장인물들이 자꾸 바뀌는 연극 같기도 합니다. 아니, 다시 생각해 보니 그 반대인지도 모르겠습니다. 한 해를 따지고 보면 가게 앞에 나타나는 인물들이야 늘 고만고만한 얼굴들인데, 무대 장치는 시시각각 사시사철 변하고 있으니……. 가지마다 얼음꽃이 피는 겨울날, 황사가 날리는 봄날, 뱀들이 제 맘대로 돌아다니는 여름날, 억새 하얗게 흔들리는 가을날……. 그렇게 연극의 무대는 먼 산의 색깔까지 조화로이 바꿔 놓으며 등장인물들의 연기를 돕고 있는지도 모릅니다. 주인 내외도 때맞춰 콩을 까고 고춧잎을 따고 깻잎을 다듬고 고구마 줄기 껍질을 벗기고 들깨를 텁니다.

머릿속에서 한 해의 연극이 그렇게 빠르게 흘러가는데, 저 멀리 민서를 태운 노란 버스가 옵니다.

"오는구먼. 오늘은 좀 늦었네."

파리채를 내려치던 주인아주머니도 노란 버스를 본 모양입니다.

"민서야. 안녕 허여. 그려. 인사도 잘혀."

버스에서 내리자마자 민서는 어린이집에서 배운 대로 인사를 합니다. 배꼽 위에 손을 얹고 90도 절을 하거나 빠이빠이 손을 흔들어 보입니다. 그 모습이 기특한지 아주머니는 얼른 가게 안으로 들어가 '쭈쭈바' 하나를 또 들고 나옵니다. 제 손사래에도 아랑곳하지 않고 얼른 꼭지를 따서 민서에게 건네줍니다.

"자, 이거 하나 물구 가. 시원혀."

뭐든 손에 잡히는 대로 들고 나오시는데, 그날 기분에 따라 요구르트일 때도 있고 작은 소시지나 꽈배기, 도넛일 때도 있습니다. 색소며 방부제 걱정에 군것질 거리를 먹이고 싶은 마음이 없는 저이지만, 민서에게 감사 인사를 시키며 받게 합니다. 색소나 방부제도 이기지 못할 아주머니의 정이 들어 있기 때문입니다.

"너도 벌써부터 고생보따리 짊어졌구나."

비닐 소파에 앉아 맥주 한 잔을 마시던 아저씨가 민서를 보며 얘기합니다. 아저씨가 세워 둔 오토바이가 마음에 드는지 민서는 그 곁을 서성입니다. 그때 경운기 한 대가 탈탈탈탈 다가옵니다. 경운기라면 자다가도 벌떡 일어나는 민서인지라, 아닌 게 아니라 눈이 동그래져 쳐다봅니다. 민서 눈에는 쌩쌩 달리는 자동차보다 뱃심 좋은 소리를 울리는 경운기가 더 멋있어 보이나 봅니다. 경운기마저 멀어지고 나면 쭈쭈바를 든 민서가 앞서거니 집으로 걸어갑니다. 가게 뒤뜰에는 심어 둔 꽃들이 한창입니다. 원추리도 참나리도 백일홍도 다알리아도 민서가 걸어가는 모양을 지켜봅니다.

표시 안 나게

우리 식구가 맨 처음 이 마을을 찾으려 했을 때, 이정표로 가르쳐 준 곳이 화신슈퍼였습니다. 지금은 화신슈퍼를 곁에 두고 우리 식구도 한마을 사람이 되었습니다. 이곳에서 마을 사람들을 만나면 농사 이야기도 같이 나누고 그들과 같은 물건을 사다 쓰며 살고 있습니다. 작고 낮은 이 가게는, 싸게 줄 테니 필요 없는 물건을 여러 개 묶어서 사라고 강요하지 않습니다. 배달은 안 되지만 말동무는 되어 주곤 합니다.

그러니까, 화신슈퍼는 봄여름가을겨울 마을 사람들을 마중하거나 배웅하며 그이들의 이야기를 듣는 둥 마는 둥 하며 늙어 가는 중입니다. 주인 내외와 이곳을 들르는 사람 모두도 늙어 가는 중입니다. 나무 의자마냥 표시 안 나게, 평화롭게…….

논을 생각합니다. 겨우내 조용히 자신을 비우고 있다가 이른 봄 잠시 꿈인 듯 자운영을 품더니, 어느새 어린 벼들을 키우고 있습니다. 멀리서 보면 물을 댄 논에 하늘이 풍덩 빠져 있습니다. 하늘이 내려가 안기고 싶을 만치 부드러운 가슴, 논. 그 논에 두 발을 담근 채 평생을 일한 농부는 또 얼마나 깊고 맑은 가슴을 지녔겠습니까?

도저히 참을 수 없는 행실

산천은 그렇게 아름답고 싱싱한데, 저는 드디어 백반을 샀습니다. 그것도 다섯 곽이나. 믿어야 할지는 모르겠으나 백반을 뿌려 두면 뱀이 오지 않는다는 얘기를 들었기 때문입니다. 약국에서 한 번 더 확인을 받아 두기도 했습니다.

"정말로 뱀이 안 오나요?"

"예. 그렇다고 들었어요. 등산 갈 때 호주머니 같은 데 넣어 다니면 가까이 안 온다고 하대요."

약국 아가씨의 보증 때문에 세 곽쯤 살 마음이었지만 두 곽을 더 샀습니다. 얼마 전 우리 집 마당에 그것도 민서의 세발자전거를 세워 둔 곳에 어른 팔 길이의 두 배쯤 되는 녀석을 보았기 때문입니다. 논둑이나 길에 돌아다니는 것은 눈감아 주겠으나 내 집에 들어왔다는 것은 도저히 참을 수 없는 행실이라는 결론을 내렸기에, 비가 들이치지 않는 데를 골라 백반을 곳곳에 뿌려 두어야겠다고 생각했습니다.

시골에 살면서 불편하지만 받아들여야 할 것이 몇 가지 있습니다. 어지간한 것은 참을 수 있고 또 이길 만합니다. 파리 재앙이 내린 것처럼 밥상머리에 아무 생각 없이 달라붙는 파리도 참을 수 있고, 한번 물리면 며칠을 긁어 대야 하는 모기도 참을 수 있고, 밤마다 천장에서 운동회를 하는 쥐도 참을 수 있습니다. 호미질 끝에 무더기로 얽혀 있는 지렁이도 이젠 예뻐 보이고, 발 많은 노래기, 지네도 어지간히 봐줄 만큼 되었습니다. 그런데 단 한 가지, 뱀에 대한 생각만은 달라지지 않아서 괴롭기 짝이 없습니다.

농약을 거의 쓰지 않고 농사를 짓는 우리 마을이다 보니, 벌레도 많고 곤충도 많고 거미도 많고 개구리 두꺼비도 많고 새도 많고 당연히, 뱀도 많습니다. 뱀 생각 않고 지내는 겨울은 얼마나 살 만한지……. 그런데 아름다운 산천, 눈요기에는 좋으나 발밑의 뱀이 걱정되는 봄여름가을은 정말 조마조마합니다.

제 친구 정아는 제가 홍성으로 이사 온 다음 한 번도 우리 집에 놀러오지 못하고 있는데, 이유는 다름 아닌 뱀 때문입니다.

"놀러오면 파리와 뱀이 반겨 줘서 조금 불편하겠지만……."

농담 삼아 덧붙인 말이 정아에게는 도저히 올 수 없는 조건이 되고 말았습니다.

"여림이랑 함께 갔다가 독사라도 만나면 어쩌냐? 원래 걱정하는 사람만 골라서 그런 게 보이는 법인데……."

그 말에 걱정 붙들어 매시라는 말을 감히 꺼내지 못한 것은, 정아의 두려움이나 저의 두려움이나 별로 다를 바가 없기 때문입니다. 다른 것이 있다면 정아는 텔레비전이나 책에서 본 뱀이 실제 눈앞에 나타날까 두려운 것이고, 저의 경우는 마을 아주머니들의 생생한 경험담이 그대로 저의 것이 될까 두려운 것입니다.

산 바로 아래 사는 김 집사님은 언젠가 언덕길을 지나다가 죽은 놈을 본 모양입니다. 온몸이 오싹해져서 멀리 돌아서 길을 갔답니다. 마침 돌아오는 길에는 길동무가 있어 재미나게 얘기하느라 깜박 잊어버렸는데, 발밑에 뭔가 낯선 것을 밟은 느낌이 잡히더랍니다. 분명 죽은 놈인데도 걸음아 나 살려라 달음박질……. 그것도 맨발로 말입니다. 그날따라 큰맘 먹고 산 새 운동화를 신었는데, 그걸 버리고 와서도 아까운 생각이 전혀 들지 않았다고 합니다. 김 집사님은 쉰 살을 훌쩍 넘겼지만 여전히 뱀이 싫어서 밭에 갈 때마다 하나님께 기도한답니다. 제발 좀 보여 주지 말고 멀찍이 지나가게 해 달라고…….

해찬이 할머니의 경험담은 더 생생합니다. 밤에 뒷간에 가려고 마당에 나섰는데, 누가 허리띠를 흘려 놓았더랍니다. 식구가 많은 때였으니 누가 흘렸나 보다 하고 집어 들었는데……. 꼬리를 잡았기 망정이지 머리를 잡았으면 어쩔 뻔했냐 얘기하시기에 잠깐 웃긴 하였습니다. 하지만 그 얘기를 듣는 동안 제 머릿속에는 우리 집 마당을 가로지르던 뱀과 민서 얼굴이 스쳐 지나갔습니다. 민서는 끈이란 끈은 가리지 않고 좋아해서 목에 걸기도 하고 질질 끌기도 하고 까르르 웃으며 흔들기도 하는데…….

안 다니는 데 읎시 다 다니는 녀석

"어이구, 그뿐인 줄 아남? 낫으로 풀을 베고 있는디, 근디 자꾸 발목을 간지럽힌단 말여. 뭐여? 하고 보니께, 고거여. 아이고 엄마야 하고 엉덩방아를 찧었는디, 꼬리가 엉덩이에 깔렸시유. 이것이 깔려 놓으니께 더 발광이여. 낫이고 뭐고 다 버리고 갔다니께. 말도 말어. 옛날엔 다 그랬시유. 밤에 신 신을라고 하믄 칭칭 감고 있었다니께."

"옛날에 애 키울 적에, 마당에 지나다니믄 삽으로 찍어 죽였

시유. 지금은 허라고 혀도 못허지. 애 물까 싫어 그런 짓꺼정 허고 살았다니께."

"그 시절에는 안방에 들어앉아 있는 거 봤다는 얘기도 있더믄. 아주 안 다니는 데 읎시 다 다닌다구."

"초롱엄마가 서울서 막 내려왔을 때여. 밤에 마당에 나갔다가 아주 기겁을 해. 마당에 수도 모다가 있었는디, 모다 도는 소리가 구렁이 우는 소리랑 같디야. 구렁이가 지 짝 찾으러 왔나 어쨌나, 모다 위에 커다란 놈 앉은 거 한번 보고는 밤에 마당을 못 나왔슈."

뱀 이야기가 시작되면 아주머니들의 이야기는 끝이 없습니다. 교회 사모님도 아주머니들에 못지않은 경험담을 갖고 있습니다.

"저녁나절에 마당에 보니까 큰 지렁이가 있더라구요. 마침 목사님이 안 계셔서 들통을 엎어 뒀거든요. 다음 날 보여 드려야지 하구요. 그러구는 목사님 보세요, 하고 들통을 들추었는데, 지렁이가 삼각형 머리를 하고 있는 거예요. 목사님이 운 좋아서 산 거라고 하더라구요."

뱀 얘기가 나오기 시작하면 가만있지 못할 사람이 나이에 비해 온갖 경험 다 쌓은 민서아빠입니다.

"엊그제 모판 씻는데유. 배수로에 모판을 쌓아 놓고 하나씩 씻고 있었거든유. 판 하나를 아무 생각 없이 빼냈는디, 나 참,

똬리 틀고 앉았슈."

그러고는 어릴 적, 농약도 없고 차도 없고 전기도 없던 시절 이야기를 합니다. 그때에 비하면 지금은 아무것도 아니라고 하면서……. 상갓집 감나무 위에서 두 마리가 교미를 하고 있었는데 초상 다 치르도록 그대로 있더라는 얘기, 구멍에 막 들어가는 놈의 꼬리를 잡았는데 구멍 안에서 비늘을 빳빳이 세워 끝까지 버티더라는 얘기, 집에서 신작로까지 걸어 나오는데도 어디다 발을 디뎌야 할지 모를 정도로 득시글득시글해서 한때는 그것을 잡아 포대에 넣어 팔았다는 얘기도 합니다.

이런 얘기만 듣다 보니, 있는 그대로의 이야기가 얼마나 부풀려졌는가를 따지기 전에 제 머릿속에는 안 해도 되는 상상이 줄을 서고 맙니다. 어느 날 밖에 나갔다가 문을 열었는데 뱀이 똬리를 틀고 방 안에 앉아 있으면 어떡하나, 문설주 위로 기어다니다가 내 목에 툭 떨어져 내리지는 않을까, 밭일 할 때 신는 장화 속에 새끼 뱀이라도 들어앉아 있으면 어쩌나, 그런 상상을 지치지도 않고 하는 것입니다.

참 이상합니다. 동물의 움직임은 식물과는 달라서 아주 작은 움직임도 금방 눈에 들어오고 맙니다. 뱀이 아무리 푸른색의 갑옷으로 눈가림을 했다 하더라도, 그리고 그런 것을 보고 싶지 않은 마음이 저의 온 몸에 가득 차 있다 하더라도, 모든 감각은 한사코 그리로 쏠려서는 기어이 주변의 식물과 뱀을 가름하여 보게 만듭니다. 게다가 한번 뱀을 본 눈은 또 얼마나 정확하게 인상을 기억하는지, 나무 막대기만 보아도, 버려진 나일론 끈을 보아도, 꺼먼 고무줄이나 허리띠 할 것 없이 대충 비슷하게 길쭉한 것들을 보기만 해도 다 같은 놈으로 둔갑해 버리고 맙니다.

그런데 제가 지켜본 바로는 겨울 지나 봄이 되었다고 해서, 그래서 책에 나오는 대로 겨울잠을 끝냈을 것 같은 때가 되었다 하더라도 뱀이 무작정 나다니는 것은 아닌 듯합니다. 그해 처음으로 뱀이 나오는 때는 다른 봄날에 비해 아침부터 굉장히 무더운 날입니다. 그런 날은 온 마을 곳곳에서 뱀들이 거의 한꺼번에 우루루 나타나기 시작합니다. 마치 날을 정해서 사람들에게 인사를 하러 나오는 듯도 합니다.

"안녕하슈? 우리들 안 잊어 먹었쥬? 더운 날에 수고들 하시네유. 안부나 물으러 나왔는디, 그새 마을에는 무슨 일 없었남유?"

그렇게 순수한 마음으로 나왔건만, 첫날부터 돌아오는 것은 사람들의 까닭 없는 두려움과 멸시일 것입니다. 독도 없고 해칠 마음도 전혀 없는 유혈목이를 보고도 사람들, 특히 아주머니들은 기겁을 하니, 그날은 뱀을 본 아주머니에게도 또 유혈목이에게도 좋은 날은 되지 못할 것입니다. 아주머니가 뱀 봤다고 호들갑을 떠는 동안 그 아주머니에게 들킨 유혈목이는 제 친구들에게 오늘 사람에게 들켰다고, 그것도 아주머니에게 들켰다고 수다를 떨고 있을지도 모를 일입니다. 사실 독이 없는 유혈목이는 자기를 지킬 수 없기 때문에 사람을 보면 먼저 도망을 칩니다. 설령 독이 있는 뱀이라 하더라도 사람이 건드리지 않으면 먼저 무는 법은 없습니다. 그런데도 여자들에게는 뱀은 다 뱀인 것입니다.

하기야 뱀 입장에서 보면 얼마나 힘든 삶이겠습니까? 태어나고 보니 뱀인데 한평생을 기어 다녀야 합니다. 게다가 세상엔 부드러운 풀만 있느냐 하면 억새나 엉겅퀴, 환삼덩굴같이 살갗을 해치는 풀도 많습니다. 그런 풀을 헤치고 다닐 때 몸이 다치지 않으려면 단단한 갑옷 같은 비늘이 필요할 수밖에 없을 것입니다. 비늘이 없는 뱀이면 보기가 그나마 낫지 않았을까 상상도 해봅니다. 바다에 사는 뱀장어 같은 꼴이라고나 할까요? 그랬으면 사람들의 멸시는 덜 했겠지만, 뱀으로선 상처투성이로 살아야 했을 것입니다.

글쎄요. 어쩌면 풀에 베인 상처보다도 사람한테서 받은 상처와 멸시 때문에 겹겹이 자신을 감쌀 비늘을 만든 것은 아닌지 모르겠습니다. 사람한테서 받은 상처 하나에 비늘 하나씩 말입니다. 먼먼 조상 때부터 만들어진 바로 그 비늘이 지금과 같은 완벽한 갑옷이 되어 버렸는지도 모르겠습니다. 어쩌면 사람과 뱀 사이에는 그렇게 길고도 긴 오해가 깔려 있을지도 모르겠다는 생각을 해봅니다.

참 고요하고 평화로운

엊그제 저도 우리 논 배수로에서 녀석을 보았습니다. 그런데 환상처럼 아름답게 다가왔다가 순식간에 사라져 버렸는데, 유혈목이 새끼였습니다. 푸른 몸에 빨간 점을 무슨 꽃무늬 스카프처럼 두르고는, 물살에 제 몸을 거스르면서도 물살을 있는 그대로 받아 내고 있었습니다. 참 고요하고 평화로운 헤엄이었습니다. 처음엔 깜짝 놀랐지만, 그 헤엄이 땅 위를 기는 움직임과는 너무나 다르게 부드럽고 아름다워서, 아, 하고 감탄사가 절로 나올 정도였습니다.

아마도 하나님께서 뱀 많은 이 마을에 계속 살아야 하는 제가 안쓰러워서 잠시 잠깐 보여 주신 환상이 아닐까 생각합니다. 오해하지 말라고, 그리 두려워할 동물이 아니라고 깨우쳐 주려고 했는지 모르겠습니다. 하기야 뱀 나올까 봐 조심조심 살피며 걷는 덕에 두꺼비 새끼나 달팽이, 아니면 그보다 더 작고 작은 벌레들이 사람의 발밑에서 목숨을 건질 수도 있지 않을까 싶습니다. 하나님이 까닭 없이 뱀을 만들었을 리는 없을 터입니다.

"개나 고양이를 길러 봐유. 고 녀석들이 유혈목이 잡는 덴 왔다니께."

여전히 제 주위엔 뱀을 만난 이야기와 뱀 물리치는 법을 일러 주는 자상한 이웃들이 있습니다. 그분들 말대로 백반도 뿌리고 뒤뜰에 공작초도 심고, 목사님네 개가 새끼를 낳으면 한 마리 얻어다 키워 볼까 생각하고 있습니다. 그러면서 해보는 엉뚱한 생각 하나 더.

어릴 때 주일학교에서 부르던 '독사 굴에 어린이가 손 넣고 장난쳐도 물지 않는……' 그 노래 가사처럼, 사람과 뱀 사이의 모든 오해가 없어져서는 사람이 뱀을 보아도 놀라거나 두려워하지 않을 그런 날이 이 세상에 정말 왔으면 좋겠다는 소망을 가져 봅니다.

모두가 주인공인 잔치

멀리 산 빛이 연초록으로 걸어오는 계절입니다. 새로 피어난 잎사귀마다 윤기 자르르 흐르는, 그 위로 햇살 조르르 구르는 봄입니다. 이 좋은 봄날에 참 좋은 일이 우리 마을에 있습니다. 예전에 이장을 여러 해 맡았던 분의 환갑잔치입니다.

요즘에는 환갑잔치가 그리 흔하지 않은 듯합니다. 그런데 잔치라는 이름으로 먹고 노는 그 단순한 일을 다시 생각해 보면 그 속에 사람 사는 정과 이야기가 있습니다. 서로 바쁜 탓에 그동안 보지 못한 얼굴들을 실컷 볼 수 있기도 하고, 풍성한 음식으로 서로 더 먹으라고 넉넉하게 인심 쓸 수도 있습니다. 또 살면서 생기는 걱정거리와 재미난 이야기들을 오순도순 함께 나눌 수 있습니다. 공동체니 뭐니 그런 말을 갖다 대지 않아도 함께 모여 즐긴다는 그 자체가 아름다운 일입니다.

잔치 준빌랑 지대루다 돼가남?

아마도 잔칫집 주인장은 일주일 전부터 이것저것 준비하느라 바빴을 것입니다. 누구를 초대해야 할지, 빠뜨리면 서운해할 이름 석 자들을 챙겼을 것이고, 장날엔 찬거리를 잔뜩 마련했을 것이며, 김치를 새로 담가 적당히 익히기도 했을 것입니다. 하루하루 잔칫날이 다가올수록 마을이나 집안을 돌아다니는 발걸음도 잰걸음으로 바뀌었을 것입니다.

"워치케 잔치 준빌랑 지대루다 돼가남?"

뭐 그런 인사도 적잖이 받았을 것인데, 그 인사 속에는 잔치를 기다리는 마을 사람들의 설렘도 함께 들어가 있습니다.

드디어 잔치 이틀 전. 이제 잔치 준비는 마을 사람들의 것이 됩니다. 뭐니 뭐니 해도 잔칫날에는 콩기름 냄새 고소한 부침개가 빠질 수 없습니다. 저녁상을 물리고 나온 마을 아주머니들이 환경농업교육관에 모여 다음 날 부칠 재료들을 밤이 이슥하도록 준비합니다. 한쪽에서는 빨간 게맛살을 세모꼴로 자르고, 또 한쪽에서는 어묵 구멍에 풋고추를 끼워 납작납작 썹니다. 또 다른 쪽에서는 이 재료들을 순서대로 꼬치에 끼웁니다. 꼬치를 어느 정도 만들고 나면 남은 재료는 모두 잘게 다집니다. 같은 재료로 동그랑땡을 더 만드는 것입니다. 누가 시키지 않아도 해야 할 일의 순서를 알고 있고, 또 그저 노는 듯이 하는데도 손발은 척척 잘도 맞아 갑니다.

"졸리믄 집에 가라니께."

낮에 밭일을 하느라 피곤한 아주머니들은 연신 하품을 해 대기도 하는데, 그 가운데 누군가는 꼬치를 비뚤게 꿰어서 농담 반 진담 반, 지청구도 먹습니다. 하기야 한 해 가운데 가장 바쁜 때가 지금이기도 합니다. 낮에는 고춧모와 들깻모를 밭에 내기도 하고 잠깐잠깐 표고버섯을 따기도 합니다. 표고버섯은 온도에 민감해 잠깐이라도 때를 놓치면, 갓이 활짝 피어 상품으로 내놓기 힘듭니다. 저녁에는 낮에 따 둔 버섯의 밑 대궁도 부지런히 손질해 두어야 합니다.

농사일이 간단한 듯해도 손이 좀 많이 가는 일입니까? 너나 할 것 없이 바쁜 속을 다 아니 얘기도 끊이지 않고 줄줄 이어집니다. 들깻모는 조금만 건조해도 죽더라는 이야기며, 고춧모에 물 대던 이야기, 너무 바빠 빨래 갤 시간도 없이 산다는 이야기, 김치 담글 시간이 없어 김치 먹어 본 지가 며칠 되었다는 그런 이야기들이 오고 갑니다. 밖에는 개구리들도 한창 수다를 떨고 있습니다. 심심치 않게 소쩍새도 봄밤을 속삭입니다.

잔칫날 불청객

다음 날 아침, 그러니까 잔치 앞날에는 다섯 개의 프라이팬에서 한꺼번에 전 지지는 소리가 하모니처럼 울려 나옵니다. 어제 끼운 맛살 꼬치와 동그랑땡은 물론이요, 명태살이 계란 옷을 입고 노릇노릇 자태를 드러냅니다. 흰 지단과 노란 지단이 색깔도 곱게 부쳐지고, 인삼보다 더 좋다는 도라지도 튀김옷을 뒤집어씁니다.

"쓴 맛이 덜 빠졌잖유?"

"설탕을 너보유."

"사이다에 안 담궜남?"

"미리미리 담가야 혀."

"아녀, 그러믄 소용없지. 튀김가루는 도라지에 바로 묻혀야 혀."

수십 년 잔치를 치러 본 요리 전문가들의 조언은 끝이 없습니다.

지지고 튀기는 데만도 오전 시간이 훌쩍 가버려 벌써 점심시간이 됩니다. 잔칫집 딸네들은 아주머니들을 위한 점심을 따로 차립니다. 취나물을 무쳐 내오고 조개젓도 새로 양념하여 내놓습니다. 밥은 냉면 그릇에 모둠으로 담아 놓는데, 두세 사람이 그 밥을 나눠 먹습니다.

"애기 엄마 더 먹유."

아직 젖을 떼지 않은 저를 챙겨 주는 소리도 빠지지 않습니다. 양껏 먹고 저마다 맡은 자리로 돌아간 아주머니들은 하던 일을 계속합니다.

이렇게 환경농업교육관에서 아주머니들이 지지고 튀기고 무치고 볶는 동안 마을 어디에선가 남자들은 돼지를 잡습니다. 돼지 잡는 일은 남자들만의 일이라 여자들은 얼씬도 하지 않습니다. 남자들만 맡는 일이 하나 더 있는데 바로 홍어 껍질을 벗기는 일입니다. 웬만해서는 잘 안 벗겨지는 홍어 껍질이라 끄트머리를 펜치로 잡아 벗겨 냅니다. 껍질을 벗긴 홍어는 잘 씻어 철사에 꿰어 걸어 둡니다. 홍어 냄새에 도둑고양이도 어슬렁어슬렁 주위를 맴돕니다.

홍어의 물기가 빠지는 동안 남자들의 이야기가 이어집니다. 얼마 전에 간암 선고를 받은 아저씨의 이야기가 빠질 리 없습니다. 말기라는 말을 듣고는 병원에서 더 치료하지 않고 집으로 돌아왔다는 얘기며, 갑갑해 못 견뎌서 논둑을 마냥 걸어 다닌다는 이야기도 주고받습니다.

얼추 마른 홍어는 찌기 전에 토막토막 먹기 좋게 썰어야 하는데, 드디어 주방장 출신의 민서아빠가 칼을 잡을 시간입니다. 자취 생활 10년, 취사병 2년, 민속 주점 주방장 2년, 합해서 14년의 노련한 칼솜씨는 아주머니들의 감탄을 자아내기에 충분합니다. 여느 때에도 민서아빠는 횟감을 비롯해 칼 잡을 일만 생기면 누구에게 뺏길세라 얼른 도마와 칼부터 챙긴다는 뒷소문이 있습니다.

"그렇게 썰지 말구유, 이렇게, 이렇게유."

홍어는 지느러미의 결 반대쪽으로 썰어야 한다며 아주머니들에게 한 수 가르쳐 주기도 합니다.

그건 그렇고 잔칫집인데 어디 사람만 모이라는 법 있나요?

동네 파리들이 기세 좋게 모여듭니다. 음식 만드는 재주는 젬병인 데다 아이까지 업은 저는 드디어 할 일을 찾았습니다. 빨간 파리채를 들고 파리를 잡는 일입니다.

"큰일 하시네, 젤루다 큰일이여."

누군가 진담인 듯 농담인 듯 한마디 하십니다.

잔칫날 불청객으로는 파리나 고양이면 족할 것 같은데 오늘은 웬일인지 유혈목이까지 나타났습니다. 기저귀를 가지러 숙소로 가던 저는 혼비백산하여 잔칫집의 사위들을 불렀습니다. 그렇잖아도 햇살에 노골노골 지쳐 있던 사위들은 막대기를 집어 들고 일어섭니다. 유혈목이는 장독에서 좀 떨어진 나무 땔감 사이에서 발견되었습니다.

"어떡한다? 그냥 보내긴 그렇잖유?"

잔치 음식을 하나 더 만들자는 말 같은데, 일단 어른들의 의견이 어떤지 여쭤 봅니다.

"뭐여? 독사여? 독사면 쥑이야혀."

"집에 들어온 짐승일랑 함부로 쥑이면 뭇 써."

"그냥 놔 주유, 그거 잡아 뭐할라규?"

이렇게 해서 유혈목이는 목숨을 건지고, 용맹을 떨친 사위들의 어깨가 으쓱해집니다.

"뱀도 그렇고 지네도 그렇고 다 짝으로 다녀. 한 마리 더 있나 잘 봐유."

놀란 마음을 겨우 가라앉혔는데 누군가 별로 반갑지 않은 정보를 슬쩍 알려주시니 저는 한 번 더 놀란 토끼눈이 됩니다. 어쨌든 뱀이 나타났다는 소식은 도시에서 온 잔칫집 손자들의 마음까지 들뜨게 하기에 충분합니다.

"나도 봤어요. 빨간 뱀, 빨간 뱀이죠?"

남편을 위한 특별한 도토리묵

어느새 해가 뉘엿뉘엿 서산을 기웃거립니다. 논일 밭일을 끝낸 아저씨 몇 분이 궁금하여 들릅니다. 갓 구워 낸 전과 튀김을 안주로 아저씨들은 금세 불콰하게 술이 오릅니다. 농사 얘기도 나오고, 지난번 다른 분의 환갑잔치 얘기도 나오고, 이번 잔치 주인공의 덕망을 칭찬하는 얘기도 심심찮게 오고갑니다.

이제 아주머니들은 앞치마를 풀고 한 분 두 분 집으로 향합니다. 돌아가 저녁을 지어야 하기 때문입니다. 그런데 환경농업교육관 언덕을 내려가는 아주머니들의 손에 똑같은 크기의 선물상자가 들려 있습니다. 잔칫집 주인이 일손을 거들어 준 아주머니들에게 고맙다는 뜻으로 건네준 선물입니다. 틀림없이 양말일 것입니다. 지난 잔치에는 바닥에 옥이 박힌 주황색, 보라색, 하늘색 양말세트가 선물로 돌려졌습니다. 그 옥이 무슨 역할을 하는지는 잘 모르겠지만 걸음을 걸을 때마다 따락따락 밟히는 소리가 났는데, 한동안 마을 아주머니들의 발바닥에서 똑같은 소리가 나곤 했습니다. 양말 곽을 열어 보니 이번에는 꽃무늬가 그려진 흰색, 검은색 양말입니다. 이 봄에 집집 울타리에서도 꽃이 피고, 서랍장에도 자잘하게 꽃이 피겠습니다.

밤늦게 잔칫집 안주인은 도토리묵을 쑵니다. 물과 도토리 가루의 비율은 육 대 일, 불은 너무 세지 않게, 솥바닥이 눋지 않도록 계속 저어야 한답니다. 계속 휘젓는 일은 아무나 할 것 같은데 그것도 요령이 있는지 큰딸에게도 대신 시키지 않습니다. 마지막으로 참기름 서너 방울을 떨어뜨려 윤기 자르르 흐르는 도토리묵을 완성합니다. 남편의 예순한 번째 생일을 위한 아내의 특별한 묵이랍니다.

어느새 밤이 깊었습니다. 환경농업교육관 뒤꼍에 세워진 천막 안에선 커다란 무쇠 솥들이 잠을 설칩니다.

모두가 주인공인 잔치

드디어 잔칫날 아침입니다. 환경농업교육관 2층 강당에는 커다란 상이 차려집니다. 비록 플라스틱이긴 하지만 환갑상에 어울리는 갖가지 과일과 과자가 키를 높이며 올라 있습니다.

잔칫집 딸들은 노랑 저고리에 빨간 치마로, 안주인은 연분홍 저고리에 자주 치마로 곱게 단장을 하였습니다. 주인공의 옥색

마고자는 오늘따라 점잖은 걸음에 더 어울립니다.

아주머니들은 날랜 손놀림으로 과일 샐러드를 무치고 오징어와 주꾸미를 마저 데칩니다. 전날 지진 전들을 접시에 가지런히 올리는가 하면 푹 삶은 돼지고기를 반듯반듯 썹니다. 커다란 솥에는 국수가 하얀 거품을 내고 있고 그 옆에는 멸치 육수가 펄펄 끓고 있습니다. 한쪽에선 노래방 반주기가, 한쪽에선 풍물이 쿵짝거리기 시작합니다. 음악 장르로는 분명히 부조화인데도 사람들은 조화롭게 흥을 느끼며 어깨를 들썩거리기 시작합니다.

자, 이제 잔치의 시작입니다. 한 사람의 생일을 위한 잔치이지만, 준비하고 먹고 즐기고 이야기하는 것은 마을 사람 모두를 위한 것입니다. 누가 주인공이랄 것 없이 모두가 주인공인 잔치, 누구든 와서 즐길 수 있는 잔치, 온종일 놀고 싶은 대로 노는 잔치입니다.

어느 시인은 이 세상에 소풍 왔다고 했습니다. 제 생각에 우리들은 이 세상에 잔치하러 왔습니다. 이왕이면 이렇게 좋은 잔치에 더 많은 사람들이 와서 더 재미나게 놀았으면 좋겠습니다.

냉이와 꽃다지도 씨앗을 문 채 어깨춤을 춥니다. 민들레는 홀씨로 하얗게 다시 피어납니다. 곳곳에서 마을 사람들의 웃음소리가 들려옵니다. 그 노란 웃음들이 송홧가루처럼 봄 하늘로 날아갑니다.

작은 마음

키 큰 포플러에 가을바람이 스칩니다. 가을바람은 어디서 와서 어디로 가는지 모르겠으나 사르락거리며 사람의 귓가에 놓고 가는 그 얘기가 무척 다정합니다. 사람에게는 지난 여름의 기억이 멀지 않은데, 들녘은 아무 일도 기억하지 못하는 것처럼 가을 햇살을 욕심껏 빨아들이고 있습니다. 나락이 마저 영글라고, 배추 무에 고숩고 달큰한 맛이 얼른 배이라고…….

수북이 쌓여 가는 이야기

"어서 와유, 민서 엄마. 그렇잖아도 왜 안 오나 했네."

역시 저는 나이 든 집사님들에게 더 인기가 있나 봅니다. 젊은 집사님들은 "어, 왔어?" 한마디로 끝나는데, 일흔 넘긴 김기분 집사님은 지각한 저에게 반갑고도 살가운 인사를 먼저 건넵니다.

오늘은 한 달에 한 번, 우리 교회에서 반찬을 만드는 날입니다. 대여섯 가지 밑반찬을 만들어 홀로 사는 할아버지 할머니, 형편이 좋지 않은 아이들에게 나눠 주고 있습니다. 반찬거리는 시장에서 사기도 하는데, 대개는 집에서 기른 채소나 양념을 조금씩 가지고 와서 만듭니다. 어쨌거나 돈도 그렇고 양념도 그렇고 시간도 그렇고, 즐거이 나눌 수 있겠다고 자원하는 사람들이 모여 하는 일이어서 오순도순 이야기도 재미나고, 이 반찬 저 반찬 간보는 재미도 쏠쏠합니다.

교회 식구들이라고 해봐야 서른 명 남짓, 그나마 남자들이라곤 열 손가락 채우기도 한참 모자라는 작은 교회지만, 내게 있는 것을 이웃과 더불어 나누려는 작은 마음에서 이 일은 시작되었습니다.

한쪽에서는 마늘을 까느라 서넛이 어울려 있고, 한쪽에서는 김칫거리와 파를 다듬고, 한쪽에서는 두부를 부치고 감자를 조리고, 또 한쪽에서는 애호박과 양파를 채 써느라 도마 위에서 다다다다 흥겨운 박자가 울리고 있습니다. 저는 마늘 까는 쪽으로 끼어들기로 합니다. 크고 잘 여문 것은 여름내 팔았으니, 정작 주인네가 먹을 수 있는 것은 상처 나고 작고 못생긴 것들입니다. 이번 마늘은 쌍둥이네에서 갖고 왔는데, 볼품은 없어도 개운하고 감칠맛 내는 데는 그만인 유기농 육쪽 마늘입니다. 덕분에 한두 명이 금방 까도 될 것을 서넛이 둘러앉아 도란도란 얘기꽃을 피우니, 까도 까도 마늘쪽은 쌓일 생각을 안

하건만 이야기는 수북이 쌓여만 갑니다.

올해 날씨 이야기부터 흑벼 이야기, 고추 이야기, 생강 이야기, 고구마 이야기, 배추와 무 이야기……. 줄줄이 이어지는 농사 이야기는 끝이 없고, 자고로 시어머니가 깔끔하면 며느리가 힘들더라는 이야기까지 자불자불 이야기는 꼬리를 물고 이어집니다.

"하이고 참, 내 얘기 좀 들어 볼 텨?"

평소에 그리 말수가 적은 미진 엄마도 오늘은 기분이 좋아서 목소리마저 올라갑니다.

"처음엔 대꼬챙이로 살살 밀어내서 호미로 콕콕 찍었지. 고거 죽일라니까 기분이 참 그렇대. 근데 시간이 너무 걸리는 거여. 그래서 장갑 끼고 요렇게 잡아서는 찍찍 눌렀시유. 나중엔 그렇게 여유 부리고 할 시간이 어딨어? 손이 둔해서 안 되겄더라고. 맨손으로 잡아서 톡톡 터뜨려 버렸다니께. 요 손이 최고여."

그 말에 모두들 동감, 맨손만 한 것이 없다고 너도나도 입을 모읍니다. 농약, 제초제, 살충제 없이 농사를 짓다 보니 배추벌레 무벌레는 손으로 일일이 잡아 줘야 하는데 징그럽거나 불쌍한 것이 문제가 아니라, 밭은 넓고 벌레는 많으니 엄지 검지가 제일 긴하더라는 이야기입니다.

마흔이 넘으면 여자들의 웃음소리에도 세월이 끼어드나 봅니다. 그저 까르르 웃고 마는 이삼십대 웃음과는 다르게, 깊은 데서 울려나와 허공을 높게 치는 호탕함이 있습니다. 그런 웃음소리를 가진 분이 서넛 있어서 이야기는 이야기대로 재미를 타고, 웃음소리는 웃음소리대로 흥을 탑니다.

“마늘 까는 젊은 아줌마들. 뭔 얘기가 그렇게 많유? 김치 언제 담글거여?”

아, 때가 되었나 봅니다. 시원시원한 일솜씨로 유명한 김미자 집사님의 호통이 이맘쯤 날라 올 때가 되었습니다.

“집사님도 까 봐유. 쪽난 거라 까도 까도 그류. 이야기는 이야기고 손은 손이지. 우리가 놀고 있남? 이게 아무 일 아닌 것 같아두 젤루다 큰일인디. 마늘 읎으면 김치 담글 수 있간?”

이유 있는 대꾸에 나이 든 집사님들이 맞노라며 다독거려 주십니다.

“아이구, 마음에 안 차. 빨리빨리 안 까면 밥 안 줄 껴. 알아서들 혀.”

한풀 꺾인 대답이지만, 그 채근에 아닌 게 아니라 손들이 더욱 빨라지기도 합니다.

삼삼하게 잘 익어 착한 사람들에게

목사님 사택 마당에는 느티나무 두 그루가 있습니다. 가을이면 낙엽이 보기 좋게 떨어지는데, 깊은 가을도 아니건만 마음

급한 이파리들이 다듬고 있는 김칫거리 위로 호르르 날아듭니다. 그러고 보니 바람결에는 제법 서늘한 기운도 들어 있습니다.

"태풍 끝나고 날 좋아 다행이긴 한디, 저 남쪽에 집 없는 사람들 날 추워지면 워쩐디야?"

바람 얘기 끝에 태풍 이야기가 나왔습니다. 지난 여름, 남쪽 사람들 겪은 일이 남의 일 같지 않다며 마음 아파합니다. 한평생을 힘들게 고생하며 농사를 지어 온 사람들이니, 어려운 사람들의 형편과 처지를 내 일인 양 여기는 마음이 자연스럽습니다. 홍성은 물난리와 가뭄이 거의 없는 곳이어서 물로 속 끓인 일은 없지만, 올해는 잦은 비로 햇볕이 모자라 제때 심고 거두지를 못해 손해가 많이 났습니다. 그래도 손해난 것을 탓하는 목소리는 그리 크지 않습니다. 올해처럼 궂은 날씨에 이만큼이라도 거둔 것에 감사하는 마음들이 더 큽니다.

드디어 김치를 버무릴 때가 되었습니다. 김치나 겉절이, 무생채는 매번 빠지지 않는 반찬인데, 이번에는 미진네에서 솎은 어린 무가 두 포대 그득하여 그것으로 열무김치를 담그기로 했습니다. 이 집 저 집 나눠 주고도 남을 만큼이라, 오늘 모인 일꾼들도 원하는 대로 조금씩 가져가기로 했습니다.

"국물이 너무 적지 않어?"

"덜 절였나벼?"

"열무김치에 웬 액젓이랴?"

"감미료 말고 설탕을 좀 넣자니께."

"짜지 않남?"

집집마다 김치 담그는 법이 다르고 입맛도 다르게 마련입니다. 각자 두세 조각 김치를 넣고 오물오물 간을 보고 맛을 보면서 한마디씩 하는 통에, 양념이 반쯤 버무려진 열무김치는 난감합니다. 마치 사공 많은 배가 어디로 가야 할지 헤매는 것처럼, 김장 때 쓰는 커다란 고무 통 속의 김치는 둥그렇게 둘러선 요리사들의 날카로운 평에 주눅이 들어 있는 듯합니다. 그래도 이 양념 저 양념 조금씩 보태고 버무리자 맛이 배이고 간이 배여 그런대로 김치 맛이 잡혔습니다.

"그만 좀 주물럭거려. 풋내 나것네."

그 말을 마침표로 해서 오늘의 열무김치는 완성되었습니다. 올망졸망 있는 대로 모은 김치 통에 조금씩 나눠 담는 열무김치. 햇살도 들어가고 바람도 들어가고 하하호호 즐거운 소리도 들어갔으니 이제 삼삼하게 잘 익어 착한 사람들 입을 즐겁게 해줄 일만 남았습니다.

글쎄 내 머리로는 고런 생각을

어느새 점심때가 되었습니다. 나눠 줄 반찬은 대여섯 가지나 되지만, 정작 그것을 만드는 사람들은 그 반찬을 함부로 먹지 못합니다. 밥과 찌개, 제일 많이 만든 반찬 한 가지. 그것이 일꾼들을 위한 점심입니다. 그래도 반찬 삼아 이야기를 씹고 반찬 삼아 사랑을 나눠 먹다 보면, 밥맛은 세상의 어떤 진수성찬 부럽지 않을 정도로 좋습니다.

오늘 반찬은 호박나물과 좀 전에 버무린 열무김치가 전부입니다. 거기에 묵은 김장김치로 끓인 김치찌개가 갖은 반찬 부럽지 않게 숟가락의 사랑을 받습니다.

"아깐 아무 맛도 아니더니 액젓 넣으니께 훨씬 개운허여."

"오랜만에 참치 넣어 먹으니께 그것도 먹을 만허구."

"쌍둥엄마, 어쩜 묵은 김치 가져올 생각을 다 혔어? 이런 생각은 자주 혀도 되겄는디."

오늘의 인기는 단연 김치찌개입니다. 김치냉장고가 있는 집이 더러 있어서 작년 김장김치를 이맘쯤에도 먹을 수 있게 되었는데, 여름 김치가 따라잡지 못할 깊은 맛을 느낄 수 있습니다.

"그러게 말여. 글씨 내 머리로는 고런 생각을 할 턱이 없는디, 마늘 챙기다가 갑자기 머리에 짠 떠오르는 것이여. 암만 해도 하나님이 고 순간에 김치 갖고 가라, 생각을 주신 것 같어."

김치찌개의 인기에 쌍둥엄마는 그 큰 목소리로 하하하 웃으며 고맙다는 답례를 합니다.

"근디, 오늘 밥은 워치케 이리도 되게 되었다나? 스위치 누가 눌렀어?"

"좀 불렸다가니 눌러야 하는디, 그냥 눌렀지?"

"난 좋은디, 밥이 이 정도는 되어야 먹을 만하지."

"된 것도 된 것이지만서두 밥을 너무 많이 안쳤어. 이 밥 다 어떡한댜? 사모님 또 찬밥 드시게 생겼네."

"고실고실 하니 식혜 하믄 되겄네. 두시유. 제가 집에 갖구 가서 식혜로 만들 텐께. 내일 쌀 작업할 때 교회 식구들 다 나눠 먹음 되겄네."

마침 내일은 쌀을 포장하는 날입니다. 해마다 우리 교회는 목사님과 교회 식구들이 흑벼 농사를 함께 짓습니다. 가을이면 방아를 찧어, 도시의 큰 교회에 알음알음으로 팔아 교회 살림살이에 보태 쓰고 있습니다. 저녁 예배를 마치고 포장 작업을 하니 출출해지곤 하는데 내일은 시원한 식혜를 먹을 수 있게 되었습니다.

다들 배불리 먹고 숟가락을 놓을 때쯤 막내 순영 씨가 커피를 타 들고 옵니다,

"참, 민서 엄마는 안 먹쥬? 같이 먹을 때 먹는 거이 별민디."

원래 즐겨하지 않는 커피인데, 남들이 하도 맛있게 홀짝거리니 그만 마음이 움직이고 맙니다.

"왜 이렇게 맛있게 보여? 나 반 잔만."

옆에 앉은 쌍둥엄마의 커피를 반쯤 덜어서 마십니다. 모든 음식은 먹는 마음이 먼저입니다. 감사한 마음으로 즐겁게 먹으니 여느 때엔 먹지 않던 것도 언제 그랬냐 싶게 입에 착 달라붙

습니다.

마음으로 보는 사랑

"치울 사람 치우고, 얼른 담자구유."

커피 한 잔에 느긋해진 사람들에게 원기순 집사님이 채근하는 목소리로 한마디 하십니다. 젊은 축은 설거지와 뒤겉이를, 그리고 나이 든 어른들은 반찬통에 보기 좋게 반찬을 담습니다. 색깔을 대칭되게 맞추고, 때깔 좋은 것이 위로 오도록 정갈하게 담습니다. 반찬통 뚜껑을 열게 될 사람들의 눈부터 즐거워지라는 배려입니다.

준비가 얼추 되면 모두들 둘러앉아 기도를 합니다. 일은 사람이 했지만 그 가운데에는 하늘에서 온 사랑이 깃들어 있습니다. 반찬을 만든 사람이나 이제 먹게 될 사람도 눈으로 보는 것은 반찬이나, 마음으로 보는 것은 사랑일 것입니다. 사람과 반찬은 한 달에 한 번 찾아가지만, 마음은 늘 외롭고 쓸쓸한 그분들 곁에 있을 것입니다. 더불어, 평안과 건강을 비는 기도도 늘 그분들 곁에 머무를 것입니다.

반찬통을 들고 교회를 나서는 사람들 곁으로 소소소 가을바람이 또 스칩니다. 함께 나서는 그 작은 마음들이 참 아름답고 좋습니다.

만국기, 김밥, 솜사탕

우리 면에서 딱 하나밖에 없는 초등학교, 우리 마을 아이들이 봄여름가을겨울 들길 따라 오종종 함께 다니는 초등학교. 그 초등학교에서 가을 운동회가 열렸습니다. 아침 일찍부터 신나는 행진곡은 학교 울타리를 넘어 온 동네에 울려 퍼지고, 팔락팔락 만국기는 아이들보다 더 들뜬 마음으로 가을 하늘에서 뛰놉니다. 저만치 내빈석 앞자리에는 상품이 될 공책들이 내빈보다 먼저 자리를 지키며 앉아 있습니다.

일 년에 한 번 있는 운동회. 아이들만 신나라는 법 없습니다. 논에서 피사리하던 아빠도, 콩 타작하던 엄마도, 들깨 말리던 할머니도 오늘은 일손 딱 멈추고 아이들 편을 들어주기로 합니다.

"오늘은 여러분의 날입니다."

교장 선생님의 말씀도 길지 않아 좋습니다. 선생님의 호루라기 소리, 아이들의 응원소리, 부모들의 웃음소리에 교정 구석

구석은 들썩이고 맙니다.

왕년의 달음박질

운동회라면 달리기가 으뜸입니다. 학년별 달리기, 마을별 달리기, 엄마랑 함께 달리기, 장애물 달리기……. 달릴 순서가 적지 않건만 아이들은 달려도 달려도 신이 납니다.

마을별 달리기에서 우리 마을은, 하하, 꼴찌를 했습니다. 처음엔 2등으로 달렸는데 중간에 바통을 떨어뜨렸습니다. 그것도 두 번씩이나. 당연히 관중석 한쪽에선 아쉬워하는 소리가, 다른 한쪽에선 기쁨의 함성이 터져 나왔습니다.

엄마랑 함께 달리기는 아이들보다 엄마들이 더 좋아하는 순서입니다. 엄마가 널을 뛰어 공을 튀기면 그 공을 아이가 잡은 다음, 둘이서 함께 달려야 합니다. 여느 때 엄마랑 함께 달릴 일이 별로 없는 아이들에겐 엄마와 마음을 맞추는 것만으로도 주인공이 된 듯합니다.

이 순서에서 2학년인 지연이는 미진이와 함께 달렸습니다. 지연이는 할머니랑 동생이랑 같이 삽니다. 교회에 함께 다니는 5학년 미진이가 엄마의 빈자리로 마음 아플 지연이를 위해 엄마의 자리를 자청하고 나섰습니다. 그런데 바짝 마른 미진이어서 아무리 널을 힘차게 밟아도 공은 쉽게 튀어 오르지 않습니다. 이어달리기라 백군에 큰 힘은 못되었지만, 지연이와 미진이

둘 사이에 나눈 기쁨은 이긴 것보다 더 소중한 기억으로 남게 될 것입니다.

몸은 달릴 수 없지만, 마음으로 함께 달리는 분들도 있습니다. 아침 일찍 나와서 함부로 자리를 뜨지 않는 분들, 바로 동네 어르신들입니다. 살랑살랑 바람에 한들한들 나부끼는 주름치마며 일 년에 몇 번밖에 쓰지 않을, 커다란 꽃이 달린 모자……. 한껏 멋을 낸 게 틀림없는 어르신들은 왕년에 달음박질하던 것이 생각나는 듯 눈빛이 초롱초롱합니다. 다리가 근질근질하지만 옆에 세워 둔 지팡이를 한스러운 듯 바라볼 뿐입니다.

어르신들이 달리지 못한다고 해서 운동회를 지켜보기만 하는 것은 아닙니다. 어르신들을 위한 시간은 따로 있는데, 바로 낚시 게임입니다. 어르신들이 낚싯줄을 드리우면 커다란 통 속에 미리 들어가 앉아있던 선생님이 그 낚싯줄 끝에 치약, 비누, 사이다, 플라스틱 그릇 따위를 걸어 드립니다. 낚시로 물건을 받아가는 어르신들도 즐겁지만, 그 안에서 나올 물건이 기대되어, 지켜보는 사람들도 즐겁고 재미납니다.

분홍 김밥, 푸른 김밥, 노랑 김밥

점심시간은 따로 안내 방송이 필요하지 않습니다. 선생님이 마이크를 잡자마자, 어떻게 알았는지 이미 여기저기서 도시락 뚜껑을 열기 시작합니다. 새벽같이 일어나 쌌을 김밥들. 넣은 재료에 따라 색깔도 다르고 맛도 다릅니다. 당근을 넣은 주황 김밥, 어묵이나 맛살을 넣은 분홍 김밥, 깻잎을 넣은 푸른 김밥, 달걀을 넣은 노란 김밥……. 집집마다 아이들이 다르듯이 집집마다 김밥 맛도 다릅니다.

마을에서 인기가 좀 있다고 할 수 있는 저는 젓가락 하나만 들고 다니면 그만입니다. 김밥에, 과일에, 떡에, 불고기에……. 인기 관리를 위해 여기저기 다니며 먹어 줘야 할 음식도 한두 가지가 아닙니다. 제가 이 집 저 집 초대받느라 정신없는 사이, 민서는 어느새 아이들한테 둘러싸여 유명세를 치르고 있습니다. 평소에 누나 역할을 톡톡히 하고 있는 6학년 다솜이와 평화가 민서를 데리고 갔으니 민서 자랑을 한껏 늘어놓고 있을 것입니다.

친하게 지내는 집들끼리 삼삼오오 모여 앉아 점심을 먹게 되면, 먹어도 먹어도 입맛이 당기는 쪽은 달리느라 애쓴 아이들이 아니라 편안히 앉아 경기를 지켜본 어른들입니다.

"이것도 먹유, 저것도 잡숴 봐."

서로서로 권하는 사이, 김밥 몇 알에 배가 부른 아이들은 젓가락을 놓고 아이스크림이나 솜사탕 수레 앞에 달려가 서성거리기 일쑤입니다. 장난감에 눈길을 주는 아이들도 있습니다. 오늘 같은 날엔 몇 번만 졸라 대면 군것질이나 장난감을 수월하게 얻는다는 것을, 아이들은 작년의 경험으로 충분히 알고 있습니다. 하기야 운동회를 떠올릴 때 솜사탕이 빠지면, 알록달록 아이스크림이 빠지면 재미가 반으로 줄어들게 마련입니다. 그런 것쯤 엄마 아빠도 다 알고 있어서 못 이기는 척 사 주고 맙니다.

어쩌면 지난 일 년 동안 운동회를 기다린 쪽은 아이들이 아니라 어른들일지도 모릅니다. 엄마 아빠도 한땐 이 학교의 학생이었습니다. 세월 따라 나이 먹어 학부모가 되었지만, 마음은 아직도 학생들입니다. 바통을 길게 쥐고 윗몸을 한껏 세워 달릴 때나 호흡을 맞춰 긴 줄넘기를 할 때도, 아이들과 똑같이 마음 설레고 똑같이 소리치며 이겼노라 기뻐합니다. 오랜만에 숨이 턱에 차도록 달리는 것도 기분 좋은데, 그것도 모교 운동장이라면 느낌이 남다를 것입니다.

흙먼지처럼

아이들이 줄다리기를 하기 위해 길게 늘어섭니다. 호루라기 소리와 함께 팽팽하게 줄이 당겨집니다. 한 번씩 힘을 모아 당길 때마다 여학생들의 머리카락이 찰랑찰랑 햇살을 퉁겨 냅니다. 같은 쪽으로 나란히 힘을 주고 있는 아이들의 운동화 밑에선 부옇게 흙먼지가 입니다.

시간이 그리 많이 흐르지 않아도 오늘 있었던 일을 빠짐없이 기억할 아이들은 얼마 되지 않을 것입니다. 세월이 흐르면,

흙먼지 속에 가리는 저 운동화들처럼, 함께 배우고 놀던, 밧줄을 함께 당기던 얼굴들이 희미하게 떠오를 것입니다. 또렷하지 않아 더 아쉬운 것이 어린 날의 추억일 것입니다.

전교생의 리듬체조로 가을 운동회가 마무리됩니다. 1학년에서 6학년까지, 아이들의 손 동작과 발 동작이 자잘한 물결을 이룹니다. 가을볕에 내놓은 아이들 팔다리의 맨살이 눈부신데, 만국기 너머 파란 하늘이 속 깊은 눈동자로 운동장을 내려다보고 있습니다.

참 좋은 가을날

전날 이웃에서 받은 표고버섯을 까만 비닐봉지에 나누어 담습니다. 민서를 업고 봉지를 집어 듭니다. 집 뒤를 돌아 지름길로 올라가는데, 민서는 엄마 손에서 달랑달랑 놀고 있는 까만 비닐봉지가 궁금합니다. 포대기에 달라붙어 있으면서도 오른쪽 왼쪽 번갈아 몸을 비틀며 봉지를 잡아 보려 합니다.

권사님네 울타리에 다다릅니다. 내외분이 말없이 마당 수돗가에 돌아앉아 있습니다. 은행 알을 까고 있나 봅니다.

"권사니임."

나지막이 불러 봅니다. 팔순을 넘긴 두 분이라 크게 불러야 하는데, 차마 더 큰 소리를 내지 못하고 잠깐 섰습니다.

자그마한 마당에는 대추도 있고 늦게 딴 고추도 있고 납작하게 썰어 말리는 애호박도 있습니다. 햇볕이 두 분의 등허리에 정답게 내려앉고 있습니다. 그러고 보니 제 속눈썹 위에 내려앉는 햇볕도 참 좋습니다. 좋은 날입니다. 얼마 남지 않은 겨울을 준비하기에 딱 좋은, 가을날입니다.

바지런한 손길들

이사 온 뒤로 우리 집을 자주 찾아 주는 분이 있습니다. 오며 가며 두부 반 모, 마른 새우 한 줌, 무생채 한 종지, 요구르트 서너 개를 놓고 가는 분이 있습니다. 해찬이 할머니입니다.

"무 이파릴랑 데쳐서 말류. 좋아. 하룻밤 말렸다가니 냉동실에 얼류. 너무 마르면 난 맛없대. 요만큼 썰어서 얼류. 우리 아들은 잘 먹어. 메누리들 오믄 맨날 가져가기 바뻐. 시 번 니 번도 가져가."

말만 들어도 맛있겠다 싶어서 당장에 무를 솎았습니다. 조근조근 가르쳐 주신 대로 무청을 데쳐서 추녀 밑 빨랫줄에 줄 맞춰 걸었습니다. 마루를 오르내릴 때 쌉싸름하면서도 구수한 시래기 냄새가 살짝살짝 코를 건드립니다. 올 겨울 저는 이 시래기로, 있는 재주껏 국을 끓여 댈 것입니다. 새댁 솜씨라 맛이야 이랬다저랬다 하겠지만, 겨울을 준비하는 그 일에 재미가 납니다.

겨울 준비는 뭐니 뭐니 해도 김장입니다. 워낙 큰일이고 사람도 여럿이 어울려 해야 하는 일이라, 김장만 하고 나면 겨울 준비는 다 끝난 것이나 다름없습니다. 하지만, 김장 얘기 꺼내기가 한참이나 이른 이맘쯤에도 겨울을 준비하는 바지런한 손길들이 있습니다. 김장만큼 큰일은 아니지만, 자잘하게 마음을 써서 해놓고 나면 겨울 맞이하기가 든든해지는 그런 일입니다.

우선 이맘쯤에는 말려야 할 것들이 많습니다. 집집마다 대문 앞에, 마당가에, 추녀 밑에 말리려고 내어 둔 것들이 한두 가지가 아닙니다. 쌀도 말리고 콩도 말리고 팥도 말리고 은행도 말리고 대추도 말리고 수수도 말리고 엿기름가루 낼 보리 싹도 말립니다. 고구마 줄기를 데쳐서 말리고 애호박을 썰어 말리고 표고버섯을 말리고 무시래기를 말리고 머위 줄기를 말리고 토란 대를 말립니다. 들깨를 말렸다 터는 날엔 향긋한 냄새가 바람결 따라 날아다녀서 코를 즐겁게도 합니다.

도시에서는 단풍 좋은 가을에 정월대보름 생각일랑 아예 잊어버리고 지내겠지만, 마른 곡식과 나물을 챙기는 시골 아낙들의 마음에는 펑펑 눈 내리는 날이 내일모레고 대보름날도 멀지 않았습니다.

따순 겨울을 나기 위해 미리미리 챙기고 준비하는 아낙에게는 하루해가 짧기만 한데, 가을 햇살은 심심한지 감나무 가지에도 걸리고 종종걸음 바쁘기만 한 아낙의 등에서도 무심하게 노닥거립니다. 멀리, 하나둘 비어 가는 논배미에도 햇볕 좋은 가을날이 평화롭습니다.

사람도 모르게 드나드는 시간

저더러 시골에 살면서 가장 좋은 점을 꼽으라고 한다면, 이렇게 대답하겠습니다.

"맛있는 반찬을 얻어먹을 수 있어서."

좀 우스운 대답이지만, 솔직한 제 심정이기도 합니다. 이웃에서 나눠 주는 작은 밑반찬 하나에도 저는 감동할 때가 많습니다.

'어디서 이런 깊은 맛이, 어디서 이런 개운한 맛이, 어디서 이런 감칠맛이…….'

풋내기이긴 하나 저도 한 집안의 주부이다 보니 당연히 음식에 마음이 쏠립니다. 요리법을 묻고 어깨너머로 구경하면서 '시골의 맛'이 어디서 생겨나는가를 헤아려 보는 일이 큰 즐거움입니다.

지금까지 지켜본바, 그 비결은 시간에 있는 것 같습니다. 깊은 맛이 날수록, 개운한 맛이 날수록, 감칠맛이 날수록 그 음식에는 많은 시간이 들어가 있습니다. 만드는 그 자리에서 바로 먹어야 제맛을 느낄 수 있는 음식도 있지만, 제가 엄지와 검지까지 쪽쪽 빨며 맛을 음미하는 음식의 대부분은 오랜 시간을 들여 만든 것들입니다.

제가 끼니때마다 감탄해 마지않는 김 집사님의 무짠지는 겨울과 봄이 고스란히 들어가 있습니다. 겨울과 봄이라는 그 말은, 눈 내리는 날부터 시작해 땅이 풀리고 꽃바람, 산들바람, 비바람이 사람도 모르게 스쳐가고 흐린 날, 안개 낀 날, 마른 날이 아무렇게나 들락거린 시간이라는 뜻입니다. 그렇게 값으로 따질 수 없는 시간이 들고 나서야 비로소 무짠지로서의 맛이 생겨날 것입니다. '언젠가는 김 집사님의 무짠지 맛을 좇아가리라.' 다짐하게 될 정도로, 군침 도는 냄새까지 완벽한 조화를 이루는 바로 그 짠지 맛 말입니다.

꽃 터지는 봄날에 시어서 먹을 수 없게 된 김장김치도 한 계절을 건너 여름에 먹으면, 특별한 맛으로 바뀝니다. 햇살 좋은 봄날에 김장 항아리에서 꺼낸 김치를 냉동실에 얼려 두었다가 입맛 없는 여름날 꺼내어 멸치와 다시마를 넣어 푹 끓여 먹습니다. 그 김치찌개에는 겨우내 오순도순 지냈던 식구들의 평안과, 다 함께 봄을 기다리던 희망의 시간들이 보글보글 함께 우러나와서, 먹는 이로 하여금 행복한 맛이 어떠해야 하는가를 가르쳐 줍니다.

시간이 들어야 제맛 나는 음식들이 그뿐이겠습니까? 깻잎장아찌가 그렇고 고춧잎 김치가 그렇고 마늘장아찌와 마늘쫑장아찌가 그렇고 오이지가 그렇고 게장이 그렇습니다. 시골 아낙들이 때맞춰 나는 찬거리들을 한 번에 다 먹어 치우는 것이 아니라 짬짬이 간장에, 액젓에, 소금물에, 갖은 양념에 재워 두고 삭혀 두어, 일 년 내내 질리지 않는 밥상을 만드는 바로 그 일에는, 시간이 가장 큰 몫을 하고 있습니다. 아낙이 논밭에 나간 사이, 집 안은 텅 비어 아무 일 없는 것 같아도 그 집 냉장고 안이나 장독 안에는, 아낙의 손맛과 시간의 맛이 함께 배어 들면서 소중한 사람들을 행복하게 해줄 음식들이 하나둘 만들어지고 있는 것입니다. 하루 이틀 먹을 찬거리를 위해 요리를 하는 것이 아니라, 시간을 내다보고 미리미리 준비하여 맛을 익히는 정성이야말로 예술과 다름없다는 생각도 해봅니다.

'시골의 맛'을 곰곰이 따져 보아 찾아낸 또 하나의 비결은 작은 것 하나도 버리지 않는 마음입니다. 결혼하고 얼마 안 되었을 때의 일입니다. 시댁에 갔는데, 제가 밥을 짓게 되었습니다. 마침 어머니께서 풋콩을 땄기에 밥에 두어 먹기로 했습니다. 그런데 언뜻 보니 콩의 속껍질이 그대로 묻어 있었습니다. 저는 그것을 물에 헹구려 했습니다. 그때 시어머니께서 하신 말씀.

"고것도 헹구남? 고거랑 하냥 먹어야 단맛이 나는 겨."

저는 그 순간에 아차, 하고 깨달았습니다. 깨끗하고 보기 좋도록 하기 위해, 하찮게 버릴 수도 있는 음식 재료들이 오히려 더 좋은 맛을 낼 수 있다는 것을…….

배추김치는 배추의 푸른 잎사귀가 들어가야 시원한 맛이 납니다. 그런가 하면, 김치를 버무리고 난 양재기에 물을 조금 부어 남은 양념까지 항아리에 소중하게 헹구어 넣어야 비로소 김치의 마지막 맛이 만들어집니다. 나물을 무칠 때도 마찬가지입니다. 들기름 병이나 참기름 병의 주둥이에서 보일 듯 말 듯 흐르는 그 한 방울까지 손가락으로 소중하게 훔쳐 내어 나물에 넣어야 제맛이 나는 것입니다.

요리책보다 더 훌륭한 선생님들

시골 생활 4년에 겨우 음식을 보는 눈이 생겼으나, 제 손맛은 여전히 그럴 듯하면서도 아닌, 흉내 내기 수준에 머무르고 있습니다. 그나마 흉내 내기도 잘될 때가 있는가 하면 안 될 때도 있습니다.

그동안 실패한 음식들이 오죽 많았겠습니까? 너무 짜서 그대로 버린 깍두기에게, 고춧가루를 너무 많이 넣은 탓에 양념 속에서 발라내다시피 먹어야 했던 열무김치에게 액젓을 잔뜩 부어 도저히 먹을 수 없었던 부추김치에게, 전기밥솥의 보온 버튼을 누르지 않아 쉬어 버렸던 미완성의 식혜에게, 딱딱해서 밥상 이리저리로 튀어 다녔던 멸치볶음에게 정말 미안하다는 말을 전하고 싶습니다.

그래도 요즘엔 요리법이 달라져 제 스스로 위안을 삼고 있습니다. 예전엔 손쉽게 볶는 요리를 많이 했으므로 식용유를 많이 썼으나 이젠 식용유를 잘 쓰지 않습니다. 그 대신 데치고 무치는 요리가 많아졌습니다. 또 집간장과 액젓을 자주 씁니다. 아가씨 적에는 둘 다 냄새 때문에 참 꺼려했는데, 지금은 '시골의 맛'에 얼마나 요긴한 양념인지 잘 아는 터라 시댁에 가면 꼭 챙깁니다. 김치찌개에 들어가는 액젓의 깊은 맛을, 나물에 들어가는 집간장의 개운한 맛을, 그 어떤 서양의 양념들이 따라갈 수 있겠습니까?

달라진 모습이 하나 더 있습니다. 이젠 요리책을 사지 않게 되었습니다. 예전엔 맘에 드는 요리책 한 권만 사 두어도 그 많은 요리들을 벌써 다할 수 있는 양 뿌듯했습니다. 하지만, 요리책에는 저처럼 요리에 서투른 사람이 가장 궁금해 하는 부분에 대해서는 꼼꼼한 설명이 빠진다는 것을 알았습니다. 요리책을 보다 보면 '적당히 썰어, 적당히 재워, 적당히 익으면'과 같은 표현들이 있습니다. 정말 가늠하기 힘든 말입니다.

그런데 마을에서 배우는 요리라면 이야기가 다릅니다. 몇 그램, 몇 스푼을 들먹이는 설명이 없다 하더라도 어깨너머 구경한 것을 금세 따라 해볼 수 있습니다. 그리고 무엇이 잘못되어 제맛이 나지 않는지 여러 선생님들에게 여쭐 수도 있습니다. 솜씨 좋고 마음씨 좋은 선생님들이 옆에 있으니 요리책이 부러울 까닭이 없습니다.

한 해 두 해 살림을 더 하다 보면 음식을 보는 눈이 더 밝아질 것이고 맛을 보는 혀도 더 똑똑해질 것입니다. 더불어 사람을 보는 눈도 깊어지고 맑아질 것입니다. 좋은 선생님들이 있는 까닭에 그런 희망을 겁 없이 가져 봅니다.

별 좋은 가을에 겨울을 준비하는 아낙들을 보고 있노라면, 마음이 따뜻해져 옵니다. 그이들이 차린 밥상을 받는 누군가는 올 겨울에도 행복하겠습니다.

겨울을 준비하기에 딱 좋은, 가을날입니다.

쌍둥엄마

솔직히 말하면 저는 그이가 무서웠습니다.

그날은 교회의 젊은 아줌마 몇이 성경 공부를 하기 위해 처음 모인 날이었는데, 저는 대번에 그이에 대해 결론을 내렸습니다. 모임을 가장 불편하게 만들 위험한 인물일 거라고……. 그도 그럴 것이 첫 시간이라 다들 조심스럽고 진지하기만 한데 그런 것은 아랑곳없이, 데리고 온 1학년짜리 아들이 좀 떠든다고 해서 대놓고 야단을 쳤기 때문입니다. 아무리 앞 동네 옆 동네 서로 얼굴을 아는 아줌마들 사이이기로서니, 듣고 있는 사람을 무안하게 만들 정도의 꾸지람이었습니다. 민서가 막 백일을 지난 때였으니 초보 아줌마였던 저는 아이를 꾸짖는 그 모습을 보고 더 당황했습니다.

그때가 3년 전이었습니다. 얼마 전에 쌍둥엄마에게 그날 이야기를 했더니, 웃으며 말합니다.

"그랬어, 내가? 몰르겠어. 난 암것도 생각 안 나. 그런 걸 워치게 다 기억하고 산디야?"

제가 기억하는 그이의 첫인상은 그렇게 특별했습니다. 늘씬한 키에 최근에 유행하는 색깔로 물들인 머리, 거르지 않고 있는 그대로 말하는 솔직함, 감정을 속이지 않는 큰 웃음소리는 소심한 저를 겁먹게 하기에 충분했습니다. 그래서 좀 거리를 두고 지내야겠다고 마음을 먹었습니다.

그런데 얼마 지나지 않아, 그것은 겉모습일 뿐이라고 시간이 가르쳐 주기 시작했습니다. 차츰차츰 그이를 알아 갈수록 사랑이 많은 사람인 것과 멀리하려야 할 수 없는 유쾌한 사람임을 알게 되었습니다.

어쩔겨? 이미 타고 없는디

쌍둥엄마와 여전히 짧은 인사만 나누는 사이였을 때, 그이에 대해 재미있는 이야기를 들었습니다. 아마도 그 이야기 때문에 그이를 향한 마음의 벽을 조금씩 허물게 된 것이 아닌가 합니다.

첫 아이를 가졌을 때, 산부인과 의사가 초음파로 진단하여 쌍둥이라고 말했는데, 그이는 끝까지 그럴 리가 없다고 우겼습니다. 친가나 외가 쪽으로 쌍둥이가 없는데, 의사가 잘못 봤거나 기계가 엉터리였을 것이라고 확신했습니다. 친정 언니가 걱정이 되어 출산 준비물을 두 개씩 장만할 때에도, 쓸데없는 일한다며 언니를 나무랐습니다. 막상 쌍둥이가 태어났을 때에야 "웬일이라니?" 하며 웃고 말았다 합니다. 그렇게 태평하게, '아무 생각 없이' 그이는 쌍둥엄마가 되었습니다.

'아무 생각 없이'는 그이가 자주 쓰는 말인데 곱씹어 보면 참 재미있는 말입니다.

"워쩐디야? 아무 생각 없이 간다고 혔네. 이번엔 못 가고 다음에 가야겄어."

"내 정신 좀 봐. 아무 생각 없이 그냥 왔슈. 챙겨 줘서 고마워, 민서 엄마."

"요새? 아무 생각 없이 살유. 따지고 재고 하면 머리 아파서 버틸 수 있간?"

어떻게 보면 자신을 낮추는 듯한 말처럼 들리지만, 복잡하게 이것저것 따지지 않고, 하면 하고 말면 마는 깔끔한 성품을 그대로 드러낸 말입니다. 또 한편으로는 고된 농사일에 지치지 않고 버텨 나갈 수 있는 나름대로의 처세술이기도 합니다.

쌍둥엄마가 즐겨 쓰는 말은 몇 개 더 있는데, "그대에~"와 "알았~어"도 손꼽을 만합니다. 어느 누구를 만나도 함박웃음과 함께 목소리를 한 옥타브 올려서는, 이렇게 불러 줍니다.

"어! 그대에~."

특별한 그 존칭. 누가 들어도 굳은 얼굴이 풀리고 맙니다. 아닌 게 아니라, 민서아빠가 그 인사를 받으면, 15도 올라갈 입꼬리가 45도 올라가서는 한참이나 이 인사 저 인사를 주거니 받거니 합니다.

"알았~어"는 쌍둥엄마가 무엇인가를 승낙할 때 쓰는 말인데, 주저함 없이 부탁을 들어주겠다는 말입니다. 악보의 계이름으로 바꾼다면 미솔파미 정도가 될 것입니다. 세 음절밖에 안 되는 말이지만, 부탁한 사람의 불편한 마음을 그처럼 편하게 바꿔 주는 말도 없을 것입니다.

단점에 가려 얼른 알아볼 수 없는 그이의 가장 큰 장점은 심각한 일을 심각하지 않게 바꿔 버리는 재치입니다. 성경 공부 모임을 갖던 어느 날이었습니다. 그이는 그날따라 남편 때문에 '열을 받았다'며 이야기를 꺼내기 시작했습니다. 그렇잖아도 몸이 좋지 않은 남편이 그 전날 늦도록 술을 마시고 들어와서는 큰 대자로 뻗어서 자더랍니다. 걱정하며 기다린 사람은 생각지도 않고 나 몰라라 코를 고는 남편이 얼마나 미웠던지, 그이는 라이터를 집어 들었습니다. 망설임 없이 불을 켜서 갖다 댄 곳은 다름 아닌 남편의 겨드랑이.

"그려서? 그려서?"

"쌍둥아빠가 잠을 깼어? 안 뜨거웠댜?"

"잠을 깨기는? 손 한번 탁 치더니 그냥 또 자더믄."

"아침에 야단 안 혀?"

"어쩔겨? 이미 타고 없는디."

일의 심각함을 제쳐 두고, 그 자리에서 이야기를 듣던 사람들은 죄다 배꼽을 잡고 웃을 수밖에 없었습니다. 그이의 이야기를 들으며 깔깔 웃고 있노라면, 사람의 기분을 바꿔 놓는 박하 같은 기운이 소르르 퍼지곤 합니다.

고것이 뽄인뜨여

얼마 전, 하늘이 잔뜩 흐린 날이었습니다. 여느 날과 다름없는 저의 하루를 그이는 '겁나게 맛있는 어죽'을 먹어 본 날로 바꿔 놓았습니다.

"그대에~. 오늘 시간 있어? 장도 보고, 맛있는 것도 먹고, 좋은 데 가 보자고."

들뜬 그이에 비해 제가 딱 부러진 대답을 않자, 그이는 슬쩍 또 말을 던집니다.

"이래도 하루 가고, 저래도 하루 가는 거인디, 웃고 즐기며 살아보자고."

그렇게 해서 얼떨결에 따라나서게 된 길, 정말 즐거운 하루였습니다. 마침 장날이라 이것저것 구경할 것도 많았습니다. 시장 안 골목골목을 누비는 그이 덕에 사람 하나 지나갈까 말까 한 작은 골목들도 새로 알게 되었습니다.

"쌍둥엄마, 요 앞 마트에 가서 민서 먹을 요구르트 사올 테니, 그동안에 일복 하나만 봐 줄래요?"

그이의 옷 고르는 눈썰미를 높이 쳤던 저는, 일할 때 입을 편한 면바지 하나를 그이에게 골라 달라고 부탁했습니다.

"벌로 사 버렸네. 시 장 들었어."

요구르트를 사고 다시 만났을 때, 이건 또 무슨 충청도 말인가 해서 의아해 했습니다. 그랬더니 한마디 덧붙입니다.

"바지 하나가 아니라, 벌로 샀다고. 맘에 안 들면 바꾸러 가고."

저는 그제야 아래위가 갖춰진 한 벌을 그이가 3만 원에 샀다는 것을 알아들었습니다. 짙은 진달래 색깔인데, 어떻게 보면 일복으로 보이고, 어떻게 보면 생활한복 같기도 합니다. 윗옷 허리께와 소매 끝에 꼬실꼬실 잔주름이 있어서 잠옷 같아 보이기도 합니다.

"난 이런 거 별론데. 집에 가서 잘라 버릴까?"

속옷에 달린 레이스도 별로 달가워하지 않는 저이기에, 잔주름을 잘라 내면 훨씬 점잖아 보이지 않을까 생각했습니다.

"고것이 이 옷의 뽀인뜨여."

그 '뽀인뜨'라는 말 때문에, 그리고 저를 생각해서 골라 준 그이의 마음이 고마워서, 저는 그 옷을 교회 갈 때도 입고, 민서가 다니는 어린이집의 학부모회의에 나갈 때도 입고 다닙니다. 속 모르는 사람은 뜻밖의 취향이 있었네 하겠지만, 그날의 추억을 생각하면 마음이 흐뭇해지니, 그 기억을 위해서라도 더 자주 입으려 합니다.

나눠 주는 사랑도 받는 사랑도

쌍둥엄마는 스테인리스 그릇을 좋아합니다. 우리 집에 와서 널찍한 반찬통과 체를 보고서는 되뇌었습니다.

"좋네, 좋다."

얼마 전에 수저통을 스테인리스로 바꾼 걸 보았습니다. 그이의 말투를 흉내 내어 제가 말했습니다.

"그대는 스텐 겁나게 좋아해. 그치?"

"좋잖아. 밭에 참 낼 때도 좋고, 집어던져도 깨지길 하나, 스텐이 제일이여."

잘 깨져도 도자기 그릇을 좋아하는 저와는 달리, 그이는 그렇게 쓸모를 먼저 따집니다. 여섯 식구 건사에 농사일까지 도맡아하며 살다 보니 장식으로 붙은 것, 없어도 되는 것들은 멀리하고 꼭 필요한 것, 쓸 만한 것들을 긴하게 여기는지도 모르겠습니다.

어떻게 보면 그이의 모습 그대로입니다. 부풀리거나 꾸미는 일 없이 자신의 역할에 충실한 모습도 그렇고, 현실에 대한 불평을 늘어놓기보다 풀어야 할 일이 생기면 얼른 달려들어 시원시원하게 갈무리해 버리는 솜씨도 그렇습니다. 그이는 시어머니를 모시고 사는데, 그 사실을 저는 한참 지나서 알았습니다.

시어머니를 모시고 살면 마음 상할 일도 더러 있을 텐데, 그런 일을 한 번도 입 밖에 낸 적이 없었습니다.

쌍둥이네는 당근 농사를 크게 짓습니다. 며칠 전, 그이의 당근 밭에 가서 일을 도운 적이 있습니다. 잦은 비 때문에 때를 놓쳐 늦게 캐게 되었는데, 그나마 캐는 날도 비가 오락가락했습니다. 질척거리는 밭에 품삯을 주고 산 일꾼이 반이요, 와서 그냥 도와주는 일꾼이 반입니다. 여느 때 그이가 얼마나 덕을 쌓고 사는지, 당근 밭에서 확인한 셈입니다. 그냥 도우러 온 일손 가운데는 장애아를 키우는 엄마가 저를 포함해 셋이나 됩니다. 그이가 사람을 가려 사귀는 것도 아닐 텐데, 어찌 된 일인지 그 밭에 모인 사람이 그러했습니다.

쌍둥엄마만이 갖고 있는 특별함을 다시 생각해 보았습니다. 단순히 사람을 좋아한다는 성품 때문만은 아닌 듯합니다. 사람을 즐겁게 해주는 재주가 있긴 하나, 더 깊이 생각해 보면 사람에 대한 배려가 깊다고 할 수 있겠습니다. 사람을 이리저리 재지 않을뿐더러 함부로 대하지 않고, 거침없이 말하지만 상대방의 마음을 다치게 하지 않고, 그리고 무엇보다 편안하게 나눠 주는 사랑이 가득한 사람입니다.

그이의 사랑 가운데 으뜸은 아무래도 남편을 향한 사랑일 것입니다. 출산 직전 진통이 시작되고 있는데도, 새벽 일찍 자기 때문에 밥을 굶고 있는 남편이 안쓰러워 밖에 나가 따뜻한 국밥을 사 먹이고 돌아와 아이를 낳았다는 그이. 그 사랑의 반의반도 못 받았을지라도 언제든 당근 밭으로 달려와 그이를 도와주려는 사람이 수두룩한 걸 보면, 그이는 나눠 주는 사랑도 받는 사랑도 넉넉한 사람임에 틀림없습니다.

말버릇으로 '아무 생각 없이'를 달고 사는 그이지만, 저는 그이를 생각 없이 사는 사람으로 보지 않습니다. '이래도 하루, 저래도 하루, 웃고 즐기고 살자'며 쉽게 쉽게 사는 듯하지만, 고된 밭일이나 포장 작업을 멈추고 잠시 짬이 날 때 그 시간을 알뜰하게 즐길 만큼 지혜가 있는 사람입니다. 그래서 되풀이되는 당근 포장 작업을 지겹지 않게 해내고 있는지도 모르겠습니다.

언젠가 쌍둥엄마가 며칠 드러누운 적이 있습니다. 핑계를 대기로는 사랑니를 잘못 뽑아 입안이 부었다고 했지만, 살짝 들추어 본 이불 속의 그이 얼굴은 눈물범벅이었습니다. 그이인들 괴롭고 무거운 인생에서 홀가분하게 자유로울 수 있겠습니까? 그렇지만 그런 현실을 탓하지 않고 금방 툭툭 털고 일어나 "어! 그대에~"를 외치는 사람, 눈코 뜰 새 없이 바쁠 때에도 부엌 창가에 들장미와 엉겅퀴를 꽂아 두는 사람이 그이입니다. '아무 생각 없이'가 아니라, '안 해도 되는 생각은 안 하고, 해야 될 생각만 하는' 사람입니다.

사는 날 동안

쌍둥엄마는 민서의 재롱을 볼 때마다 특이한 찬사를 보냅니다.

"명물은 명물이여."

그러나 제가 보기에 가까운 마을을 통틀어 명물은 그이입니다. 고요한 시골 마을에 유쾌함과 생기를 전해 주는 이가 바로 쌍둥엄마입니다.

하나님은 사랑 막대기와 인생 채찍으로 비뚤게 나가는 삶을 꾸짖으신다지만, 둘러보면 나를 고달프게 하고 힘들게 하는 사람만 주시지는 않은 듯합니다. 사는 날 동안 힘이 되며 즐거움을 나눠 주는 사람도 함께 준 듯합니다.

쌍둥엄마의 말투대로 한 옥타브 올려 물어볼게요.

"그대에~. 그대 곁엔 이런 사람 있슈?"

평화가 있는 집

우리 옆집은 고운 분홍색 집입니다. 거기에 사는 평화네는 분홍색보다 더 행복한 색깔로 사는 사람들입니다. 가끔 언덕길을 따라 지나노라면 그 언덕 아래 있는 평화네에서 심심치 않게 온 가족의 웃음소리를 들을 수 있습니다. 무슨 까닭으로 웃는지 알 수는 없지만 괜스레 함께 행복해집니다.

마음 헤아리기

평화엄마의 웃음소리는 멀리 십 미터 떨어진 곳에서도 들릴 정도로 특별합니다.

"하하하하하……."

빠르기는 전원주 씨 웃음에 비할 만하지만, 고품격의 하이소프라노인 것이 좀 다릅니다. 저는 평화엄마의 그 웃음소리가 참 좋습니다. 숨김없이 기쁜 마음을 다 드러내 놓는 웃음소리에 어떤 땐 속이 후련해지기도 합니다.

평화엄마는 참 편안한 사람입니다. 애써 편하게 해주려는 것이 아니라, 아시지요? 함께 있으면 절로 편안해지는 그런 사람말입니다. 우선 그이는 자신의 단점에 대해 부끄러워하지 않고 떳떳이 말합니다. 자신의 단점 때문에 받았던 상처와 또 그 상처를 이겨 낸 경험까지 잊어버리지 않고 잘 기억하고 있다가, 위로가 필요한 사람에게는 위로를, 웃음이 필요한 사람에게는 웃음을 나눠 줍니다.

평화엄마를 처음 본 곳은 교회였습니다. 우리 교회는 예배순서 가운데 '성도의 교제'를 예배가 다 끝난 다음 예배당 밖에서 하는 것이 아니라, 예배 순서 도중에, 다 함께 일어나 이리저리 다니면서 인사를 합니다. 이 순서에서 할머니들의 손을 한 사람도 빠짐없이 잡아 주며, 이런저런 인사말로 혹은 그 특별한 웃음으로 안부를 묻는 평화엄마를 보았습니다.

'마음에서 우러나지 않는다면 참 힘든 일일 텐데…….'

그 모습을 지켜보고 대뜸 저는 그렇게 생각했습니다. 저처럼 사람을 빨리 사귀지 못하는 사람에겐 그런 일이 제일 어색하기 때문입니다. 그런데 평화엄마의 행동은 마지못해 하거나 건성으로 하는 게 아니었습니다. 누구를 만나도 손을 잡아 줄 수 있는 다정다감함이 이미 몸에 배어 있었습니다. 옆집에 살면서 지켜보니, 그런 성품은 상대방의 마음과 입장을 잘 헤아리는 데서 나오는 듯합니다. 어떤 성격의 사람이라도 부담을 갖고 평화엄마를 대하는 사람은 없습니다. 평화엄마가 먼저 그렇게 대해 주기 때문입니다.

우리 교회의 성경 공부 모임에서도 평화엄마의 장점은 잘 드러납니다. 마을의 젊은 아줌마 대여섯 명이 모이는데, 처음엔 이 모임이 얼마나 가려나 생각했습니다. 다들 바쁘고, 성격도 다르고, 나이도 서너 살 차이가 나기 때문입니다. 그런데 봄에 시작했던 공부가 나날이 재미를 더해, 지금은 저녁 여덟 시 반에 공부를 시작하면 열두 시가 다 되어야 끝납니다. 그것도 열두 시니까, 큰일 났다 하고 파하는 것이지, 만약 시계가 없다면 밤을 새도 좋을 분위기입니다. 어떤 땐 성경 공부보다도 각자의 넋두리가 더 많을 때도 있습니다. 달리 말하자면 아줌마들의 수다가 길어지는 것입니다. 하지만 생각하기에 따라서 수다는 서로의 마음을 여는 한 가지 방법일 수 있습니다. 그 수다를 수다로 끝내지 않고 함께 위로하고 기뻐하게 하며, 서로의 단점과 장점을 들여다보게 하고, 함께 하나님의 뜻을 헤아리도록 이끌어 주는 사람이 평화엄마입니다. 그래서 쌍둥엄마처럼 호탕한 사람도, 선교엄마처럼 여린 사람도, 저처럼 꽁생원인 사람도 한자리에서 웃고 위로 받을 수 있습니다.

생육 번성하는 평화네 짐승들

마음을 헤아리는 얘기가 나왔으니 말인데, 평화엄마는 사람의 마음뿐만 아니라 짐승의 마음까지도 헤아립니다. 언젠가 평화네에서 함께 식사를 한 적이 있습니다. 솔직히 말하면 함께 식사를 했다기보다 우리 식구가 쳐들어가서 얻어먹은 셈인데, 잘 얻어먹은 게 고마워 보답으로 저의 특기인 설거지를 하고 있을 때였습니다. 과일을 깎으려던 평화엄마가 부산스럽게 오가며 뭔가를 챙기기 시작했습니다. 그제야 제 귀에 진돗개 투실이가 낑낑대는 소리가 들려왔습니다. 부엌 창으로 투실이네 집이 보이는데, 투실이는 설거지하는 소리로 주인의 식사가 끝난 걸 알아차렸고 주인은 주인대로 투실이가 왜 낑낑대는지 알아들었습니다.

평화네에는 모든 짐승들이 병들지 않고 잘 자랍니다. 어릴 적 할머니의 신발을 숨겨 놓아 눈총을 받았던 투실이는 어느새 세 자녀를 둔 엄마가 되었습니다. 아들 뚱땡이는 엄마의 아들답게 투실투실 자라나 엄마에 못지않은 큰 몸과 식욕을 갖게 되었습니다. 저한테 개밥을 줄 기회가 오면, 저는 일부러 뚱땡이한테는 덜 부어 줍니다. 당연히 뚱땡이는 억울하다고 낑낑거립니다. 그럴 때마다 저는 한마디씩 덧붙여 주곤 합니다.

"실컷 낑낑대 봐라. 나도 엄마이니 나는 언제까지고 투실이 편이다. 투실아, 많이 먹거라."

여름까지 함께 살던 뚱땡이의 형제 궁예와 막내는, 다른 집으로 시집을 갔습니다.

평화네에는 아주 커다란 닭장도 있습니다. 당연히 그 닭장 안에는 닭들이 삽니다. 우리 마을에 오기 전 평화네는 전라도 고흥 앞바다에 있는 화도에서 살았는데, 그곳을 떠나올 때 섬 사람들한테 선물 받은 토종닭입니다. 전라도 섬 마을 토종닭들이 배를 타고 차를 타고 충청도 시골에 와서 자손을 퍼뜨리며 살게 된 것입니다. 이 녀석들도 얼마나 잘 자라는지, 닭장 안에는 늙어서 점잖아진 닭, 알 품느라 꼼짝 안 하는 닭, 이제 막 제 모습을 갖추기 시작한 어린 닭, 갓 깨어난 노랑 병아리가 함께 돌아다닙니다. 커다란 느티나무가 가까이 있어서 햇볕과 그늘이 적당히 들고 바람이 잘 통해 습하지 않으니, 그야말로 닭들의 천국입니다.

그런데 이 닭장 안에는 닭보다 훨씬 큰 공작이 네 마리나 살고 있습니다. 전에 살던 사람들이 키우던 공작 두 마리를 두고 갔는데, 평화네는 그 공작이 낳은 알을 부화기에 넣어 식구를 불려 놓았습니다. 동물원에서나 볼 수 있는 공작이 시골집 안마당에, 그것도 닭과 함께 사는 모습은 참 이상하면서도 묘한 어울림을 주곤 합니다.

환경농업교육관을 찾은 도시의 아이들이 정해진 순서마냥 평화네 닭장 앞에서 놀다갈 때가 많습니다. 그럴 때면 평화엄마는 색색깔 아름다운 공작 깃털을 주워 선물로 내주곤 합니다.

"정말 신비한 색깔이지요?"

그냥 깃털일 뿐인데도 평화엄마가 이렇게 한마디 덧붙이면, 그 순간 공작의 깃털이 정말 더 새로운 빛을 내는 것 같습니다.

여름에는 잠깐, 논일을 끝낸 청둥오리까지 닭장에서 함께 살기도 하는데, 전혀 어울리지 않는 이 날짐승들이 한 닭장 안에서 평화롭게 사는 것은 평화네니까 가능하리라는 생각이 듭니다. 그런데 그런 특별한 평화에 더해 기막힌 풍경이 하나 더 있으니 가끔 이 집에서 일어나는 긴급 상황입니다.

소싯적 투실이가 그랬던 것처럼, 뚱땡이 역시 줄을 끊고 돌아다니길 좋아하는데, 이 녀석은 사람의 신발을 물고 다니는 것이 아니라 병아리들을 물어뜯는 게 취미입니다. 닭장의 작은 구멍으로 갓 태어난 병아리들이 드나드는데, 어떻게 아는지 병아리들이 바깥으로 나올 때마다 뚱땡이가 재빨리 달려들어, 한 마리씩 해치우는 것입니다. 그럴 때면 평화엄마의 비명소리가 솔숲 언덕을 들썩이게 하고, 여느 때엔 그토록 점잖은 평화아빠의 발걸음이 으다다다 눈에 보이지 않을 정도로 빨라져서는 뚱땡이를 쫓아갑니다. 한바탕 난리를 옆에서 구경하고 있노라면 키득키득 웃음이 절로 나옵니다.

이 집 짐승 얘기가 하나 더 남았습니다. 여름이면 느티나무에, 지금처럼 찬바람이 날 때쯤엔 처마 밑에 걸리는 작은 새장이 하나 있습니다. 그 안에서 금화조 한 쌍이 뚱땡이와 상관없이 평화롭게 살고 있습니다. 언젠가 평화네와 함께 어디를 다녀오는 길이었는데 길 가다 말고 차를 세웠습니다. 왜 그러나 했더니, 이 녀석들을 사기 위해서였습니다. 가게 앞에 잔뜩 늘어놓은 새장들을 이리저리 들여다보며 웃고 있는 평화네를 보면서 생각했습니다.

'저런 걸 보고 차를 세우는 사람이 있긴 있구나.'

이 집 짐승들이 잘 자라는 까닭을 생각해 보았습니다. 뭐 특별히 따로 먹이는 것은 없고 가끔 주인네가 어디 갈 때면 굶기도 하는 것 같은데, 까닭은 다른 데에 있는 듯합니다. 투실이와 뚱땡이의 배고픔, 차 소리나 기계 소리에 놀란 공작의 두려움, 알을 품은 금화조의 예민함까지 다 알아듣고 헤아리는 평화엄마의 마음이 있기 때문일 것입니다.

못 말리는 엽기 가족

안마당에 이렇게 생명의 기운이 가득하건만, 평화네에 넘쳐나는 것이 하나 더 있습니다. 들판이나 산에 있어야 할 온갖 생명체들이 산 채로, 또 어떨 땐 죽은 채로 거실까지 들어오는 것입니다. 3학년인 은강이가 이런 데에 관심이 많고 애정이 남다르다 보니 지나다니며 눈에 띄는 것들을 주워 옵니다. 또 아들 생각하는 마음에 평화엄마도 하나 둘씩 주워 옵니다. 운전하며 가다가도 뭔가 보일라치면 반드시 차를 돌려서 주워 옵니다. 그래서 여름이면 은강이 앞가슴에, 또 거실 바닥이며 침대에 사슴벌레가 기어 다니기 일쑤이고, 어느 날은 현관 앞에 죽은 청설모나 고슴도치가 누워 있고, 어느 날은 거실 책장에 뱀 허물이 올라와 있습니다. 일 미터가 넘는 이구아나 두 마리가 창문 커튼을 정글의 나무 삼아 매달려 있는 것은 이 집에선 놀랄 일도 아닙니다. 벽걸이 장식 선반엔 나나니벌집, 굴뚝새의 둥지, 자라다 만 조롱박, 갯벌에서 잡아 온 게딱지, 씨앗을 잔뜩 물고 있는 해바라기, 산에서 캔 영지버섯까지 천연덕스럽게 올라앉아 있습니다. 어쩌다 사람의 집에 들어와 한자리를 차지하게 된 이 생명체들을 가만 들여다보노라면 이렇게 말을 하고 있는 듯합니다.

"이 가족을 이해하세요. 우리도 어쩔 수 없군요."

그래서 한 번씩 새로운 생명체들이 들어올 때마다 제가 한 마디씩 덧붙입니다.

"못 말리는 엽기 가족입니다."

이젠 저도 그러려니 해서 길가다 뱀 꼬리라도 볼라치면 즉각 평화네로 알려 줍니다. 어디어디서 뱀을 보았으니, 달려가 보시라고…….

평화엄마 못지않게 꼼꼼한 배려심을 가진 사람이 평화아빠입니다. 늘 바쁜데도 아이들을 위해 따뜻하게 마음을 써 주는 평화아빠는 한 번씩 시간을 내어 멋들어진 일을 해놓곤 합니다. 올 여름에는 은강이를 위해 작은 연못을 만들어 주었습니다. 마당 한쪽을 파서 지하수를 끌어다 물을 채우고 개울에서 잡아 온 생명들을 넣어 주었습니다. 못쓰는 CD판에 '은강이의 연못'이라고 적고 송사리, 올챙이, 붕어, 우렁이, 피라미, 게아재비, 미꾸라지, 장구벌레, 부레옥잠 같은 이름을 일일이 써 넣기도 했습니다. 사람이 만든 연못이라 비가 오면 물이 넘치고 가물면 물을 채우느라 애를 먹기도 하지만, 그런대로 괜찮은 연못입니다. 은강이의 연못 바로 옆에는 '평화의 채송화밭'을 만들었습니다. 씨를 뿌리고 얼마 안 되었을 때는 꽃밭인 줄 모르고 여러 사람이 밟더니, 꽃이 핀 뒤로는 그런 수모는 없어졌습니다. 이제 채송화도 시들고, 부레옥잠도 서리를 맞아 푸른 빛을 잃었지만, 보랏빛 부레옥잠꽃과 붉은 채송화가 나란히 피어 있는 모습은 제법 운치가 있었습니다.

올 여름 평화아빠는 멋있는 일을 하나 더 해놓았습니다. 느티나무 그늘 아래 널찍한 평상 하나를 만든 것입니다. 니스 칠을 하기 전에 평화엄마가 싸인펜으로 가족의 얼굴도 그려 놓고 나무와 꽃, 천사를 그려 놓기도 하였습니다. 올 여름 그 평상에는 많은 손님들이 앉았다 갔습니다.

6학년인 평화는 아빠를 닮아 참 침착합니다. 가끔 코끝 찡한 동시를 써서 감동을 전해 주기도 합니다. 그리고 디지털 기술이 들어간 기계라면 아무리 복잡한 것이라도 앉은 자리에서 바로 다룰 수 있는 재주가 있습니다. 그러나 그런 재능보다 제가 감탄해 마지않는 재능이 하나 더 있는데, 바로 민서와 잘 놀아 주는 것입니다. 다른 아이들한테 맡기면 마음이 놓이지 않는데 평화한테 맡겨 놓으면 달리 마음을 쓰지 않아도 됩니다. 평화가 민서를 안고 있을 때면 민서는 엄마인 제게 안겨 있을 때보다 더 편안한 표정을 짓습니다. 이름 그대로 '평화에 안긴 민서'이지요.

자그마한 밥상

부러울 것이 별로 없는 저이지만 평화네를 볼 때면 부러운 것이 딱 하나 있습니다. 바로 밥상입니다. 산해진미를 차린 밥상과 평화네 밥상을 함께 놓고서, 먹고 싶은 쪽을 택하라고 한다면 저는 평화네 밥상을 고를 것입니다. 네 식구가 먹는 상 치곤 참 자그마한 상입니다. 올라오는 반찬도 몇 가지 안 됩니다. 그런데 일단 젓가락을 들고 어떤 음식이든 맛만 보았다 하면 민서아빠도, 저도, 옆에서 조금씩 얻어먹는 민서도, 그 맛에 흠뻑 취해 버립니다. 우선, 평화엄마의 음식 솜씨가 기가 막힐 정도로 뛰어난 것을 인정하지 않을 수 없습니다. 거기에 음식 맛을 돋워 주는 한 가지 이유가 더 있습니다. 평화네 식구만이 가지고 있는 편안함과 화목함입니다.

평화네 냉장고에는 언제 들이닥칠지 모르는 손님들을 위해, 학생들을 위해, 마을 꼬마들을 위해 맛있는 요리로 변신할 재료들이 가득 차 있습니다. 시장에서 사 온 것도 있지만, 대개는 이웃들이 나눠 준 것이 더 많습니다. 처음엔 냉장고를 열어 보고 조금 놀랐습니다. 이걸 언제 다 먹나 싶어서……. 그런데 평화네 밥상에 함께 앉는 횟수가 늘어감에 따라 이해하게 되었습니다. 복잡하고도 가짓수 다양한 그 재료들이 음식이 되지 않고 버려지는 일은 별로 없습니다.

김치찌개에 밑반찬 두어 개 놓고 먹을 때도, 좀 기분을 내어 소고기 전골이나 고등어 갈비 같은 걸 먹게 될 때에도, 정말이지 저는 한편으로 놀라면서 한편으로 궁금해집니다. 왜 우리 집에서 건너간 재료조차 이 집에서 먹으면 맛이 다른지…….

그런데 가정 요리의 달인인 평화엄마도 한때는 저보다 더 요리에 소질이 없었다는 사실을 알게 되었습니다. 제가 요리 솜씨 때문에 마음 쓰인다고 얘기했을 때, 저를 위로해 주기 위해 들려준 이야기가 있습니다.

결혼 전 두 사람이 사귀고 있을 때, 평화아빠가 평화엄마네에 놀러 가면 내놓을 수 있는 음식은 단 한 가지, 과일 샐러드뿐이었다고 합니다. 시집간 큰 언니가 얼마나 걱정이 되었던지, 결혼할 때 두꺼운 공책에 요리법을 일일이 적어 주었다고 합니다. 지금도 그 공책이 긴하게 쓰인다며 제게 구경을 시켜 주었습니다. 하지만, 그 공책만으로 지금과 같은 요리 솜씨가 생긴 것은 아닙니다. 손님이 올 때마다, 요리 때문에 끙끙 앓던 평화엄마는 하나님께 기도를 했다고 합니다. 그 기도의 응답이 얼마나 확실했던지, 평소 때는 뭘 해 먹을지 전혀 생각이 안 나다가도 손님만 오면 갖가지 요리법이 떠오르고 또 손님들도 기뻐하며 먹는다고 합니다.

좀 우스운 이야기이지만 평화아빠는 그런 훌륭한 밥상을 받고도 맛있다는 말을 잘 하지 않습니다. 굳이 까닭을 밝히라고 한다면, 평화할머니가 갓 결혼한 평화아빠에게 딱 한 가지만 부탁하였기 때문입니다. 평생 살면서 음식에 대해서는 어떤 말도 하지 말고 '짜다, 싱겁다'만 말하라고……. 평화아빠는 그 약속을 성실히 잘 지켜서 지금도 '짜다, 싱겁다'만 말하고 있습니다. 그래도 외식을 하고 돌아온 다음엔 칭찬을 대신하여 이런 말을 한다고 합니다.

"우리 집 김치찌개만 한 것은 없네."

제가 먹어 보아도 평화네 김치찌개는 우리 마을에서 단연 최고입니다.

전염되는 웃음소리

빈 들녘에 소복소복 눈 내릴 날이 멀지 않았습니다. 겨울이면 평화네에서 스미어 나오는 불빛과 웃음소리는 더 따스하게 느껴질 것입니다. 그 집에 놀러 갔다 나오는 저는 또 이렇게 말할 것입니다.

"아직도 카메라 설치 안 하셨어요? 카메라만 설치하면 한 편의 시트콤이라니까요."

웃음소리도 전염되었으면 좋겠습니다. 이미 평화네의 웃음소리가 솔숲 언덕을 넘어와 우리 식구를 덩달아 행복하게 만들었듯이, 우리 마을과 세상도 그 웃음소리에 온통 전염되었으면 좋겠습니다.

참, 제가 말씀드렸던가요? 평화아빠는 우리 마을 교회의 김무정 목사님이고 평화엄마는 문영수 사모님이라는 사실을…….

아줌마, 스텝 밟어!

들녘이 다 비었습니다. 볍씨를 뿌리고 모를 내고 풀을 뽑고 나락을 베던, 그 모든 일을 다 잊었는지 들녘엔 바람 소리만 가득합니다.

겨울바람은 그렇게 홀가분히 들녘을 찾아들고, 봄여름가을 들녘에서 곡식을 키우던 사람들은 이제 사람들 곁으로 찾아갑니다. 곡식 키우는 일이 끝났으니 사람 사이 정을 키우러 나섭니다.

황송하게 뭘 데리러 가?

낮 열두 시쯤 되었을까, 전화가 울립니다.

"뭐허여?"

"빨래 개고 있슈. 왜?"

"점심 먹으로 올 텨?"

"거기까지? 맛있는 거라도 해놨슈?"

"고렇게 물으면 할 말은 없지만서두, 혼자 먹는 거보담 낫겄지."

"데리러 오면."

"차린 것도 없는디, 황송하게 뭘 데리러 가? 운동 삼아 싸게 걸어와이."

쌍둥엄마입니다. 당근도 다 캐고 김장까지 끝냈으니 당분간 집안에 큰일은 없을 터이고, 생협에 나갈 당근을 포장하느라 일손을 산 모양입니다. 일꾼들 점심 먹을 때는 맛깔스런 음식을 차려 놓게 마련이니, 함께 나눠 먹을 것 있을 때 잽싸게 건너오라는 이야기를 그렇게 표현했을 것입니다.

그런데 잰걸음으로 이십 분을 걸어가자니, 논길을 걷다 말고 좀 귀찮다는 생각이 듭니다. 바람은 제법 쌀쌀하고, 밥 한 그릇 때문에 추운 날 개울을 건너 앞마을로 걸어가고 있는 제 자신이 좀 처량해집니다. 간다는 말을 어찌 그리도 쉽게 했는지……. 이상한 일입니다. 쌍둥엄마가 뭘 하자고 하면, 주저할 것 없이 승낙의 말이 제 입에서 흘러나오고 마니, 그것도 그이의 특별한 재주라면 재주입니다.

논길을 반쯤 걸어가니, 눈에 익은 흰색 트럭이 한 대 다가옵니다. 덜커덩덜커덩, 낡은 탱크 굴러가는 소리인 걸로 보아서는 미진네 트럭이 분명한데, 아니면 어쩌나 싶어 한사코 걷습니다. 그쪽에서 저를 알아보았는지 차를 멈춥니다.

"타유."

"쌍둥이네 가는데……."

미진네와는 방향이 다르므로 말꼬리를 흐린 것인데, 맘 좋은 미진엄마는 차를 돌려 태워 주려나 봅니다.

"오늘 일손 사서 일하나 보네요. 점심 먹으러 오라대요."

"그류? 같이 먹어야 쓰것네."

잘됐다 싶었습니다. 미진엄마랑 함께라면 나이 지긋한 일꾼들과 함께 밥을 먹어도 그다지 부담스럽지 않을 것입니다.

현관에 들어서자 지지고 볶는 냄새가 온 집 안에 가득합니다. 갑자기 시장기가 돌면서 기분도 좋아집니다. 그런데 부엌문을 열자마자, 생각지 못한 광경에 제 눈은 동그래지고 맙니다.

가스렌지 앞에 서서 지지고 볶고 있는 사람은 쌍둥엄마가 맞는데, 왁자한 목소리로 저를 반기는 사람들은 일꾼이 아니라, 앞마을 옆마을 젊은 아낙들입니다. 돼지 기르는 선교엄마도 오랜만에 마실을 나왔고, 젖먹이를 업고 나온 예림엄마도 웃으며 반갑니다.

"웬일이에요? 뭔 날인가 봐."

"날은 무슨 날, 밥 먹자 부르다 보니께, 이리 되어 버렸네."

그러니까 점심을 같이 먹자고 부른 사람은 저 혼자가 아니었습니다. 이 집 저 집 생각나는 사람들에게 전화를 돌리다 보니 대여섯 명이 모인 것입니다. 그리고 미진엄마는 지나가는 길이 아니었고 쌍둥이네에 먼저 와 있다가, 논길을 혼자 걸어올 저를 생각해 일부러 트럭을 몰고 마중을 나온 것입니다. 시침 뚝 떼고 저를 데리고 왔으니 그만 깜빡 속은 것입니다.

여름 같으면 엄두도 못 낼 일입니다. 맛있는 것 먹으러 오란다고 해도 집집이 산더미 같은 일 때문에 마실 가기도 힘듭니다. 다행히 한 해 농사가 다 끝난 이맘때이니, 비상소집하듯 급하게 불렀는데도 십여 분 만에 대여섯 명의 아낙들이 모인 것입니다.

우리끼리 먹기 아깝네

쌍둥이네에서 먹는 밥은 부담이 없습니다. 김치 한 보시기, 간장 양념을 끼얹은 도토리묵 한 접시, 찬물 한 대접, 딱 그렇게만 차려 놓고 먹은 적도 있는데, 먹는 내내 행복한 미소가 떠나지 않았습니다. 반찬 가짓수가 대수이겠습니까? 유기농 현미밥에 조미료 넣지 않은 깔끔한 김치, 직접 쑤어 만든 도토리묵 한 접시라면 산해진미라 해도 부럽지 않을 정도로 깨끗하고 건강한 밥상이 아니겠습니까?

늘 그랬듯이 오늘도 대충 차렸다는데 밥상은 풍성하기만 합니다. 김장 때 담근 배추김치와 총각김치, 동치미가 올라온 것은 당연하고 거기에 조기 한 마리가 노릇노릇 구워져 누워 있고, 양념 불고기가 지글지글 올라와 있는가 하면 실치 젓갈까지 갖은 양념이 되어 올라와 있습니다.

"웬 진수성찬이여?" "우리끼리 먹기 아깝네. 사모님이라도 불러 하냥 먹을까?" 그 한마디에 모두들 동감, 얼른 교회로 전화를 겁니다. 목사님이 읍내에 급하게 나갈 일이 생겨서, 있는 밥 대충 차리던 참이라는 말이 전해지자 목사님도 모시고 오라는 말이 이구동성으로 터져 나옵니다.

목사님과 사모님도 들어서자마자 눈이 휘둥그레집니다. 젊은 아낙들을 무더기로 한자리에서 보니 그것도 놀랄 일이요, 생일상 못지않은 밥상을 보니 더 놀라운가 봅니다.

모두들 음식 냄새에 이미 감동해 있어서, 숟가락을 뜨기가 무섭게 맛있다는 소리가 터져 나옵니다. 한 살배기 예림이도 옆에서 동치미 국물을 부지런히 얻어 마십니다. 그런데, 이 음식들은 갖가지 사연을 담고 있습니다. 배추를 준 집, 무를 준 집, 고기를 준 집, 조기와 실치 젓갈을 준 집이 각각 따로 있습니다. 젊은 아낙들이 오늘 이 집에 즐겁게 모여들었듯이, 저마다의 집에 넉넉히 있던 것들이 오늘 이 밥상 위에 함께 올라온 것입니다.

숟가락을 놓기가 무섭게 쌍둥엄마는 당근을 가지러 나갑니다. 목사님까지 오셨으니 이 집의 특별 음료인 당근즙을 내어놓으려는 것입니다. 거둔 지 얼마 되지 않아 검은 흙이 그대로 묻어 있는 당근을 깨끗이 씻어, 익숙한 손놀림으로 즙 짜는 기계에 넣습니다. 이 집 당근 맛에 반한 도시의 한 소비자가 선물로 주었다는 기계인데, 젊은 아낙들은 손쉽게 즙을 짜내는 기계에 반하고, 달코롬한 당근즙에 한 번 더 반합니다.

"진짜 맛있네이."

"당근은 가을 당근이 더 낫어."

"서울에는 이렇게 해서 생즙으로 판다는데, 우리도 해볼까?"

"아침마다 이렇게들 다 모여서 즙 짜유. 나는 배달 맡을 텐께."

소싯적에 우유배달을 했던 쌍둥엄마가 예전의 경력을 내세우며 맞장구를 칩니다.

"그러게 작목도 잘 골라야지. 이 집이야 당근이니 즙이나 짜지, 우리 집은 배추를 즙 내야 허나 어쩌나?

젊은 아낙들의 농담이 꼬리를 물고 이어지는데, 이 집 바깥주인이 들어섭니다. 생협에서 회의를 마치고 돌아오는 길입니다. 때 아닌 잔치 분위기에 잠시 놀라더니 이내 눈치를 채고 농담을 거듭니다. 읍내에 나갈 목사님과 사모님이 자리에서 일어나자 모두들 함께 일어서는데, 바깥주인의 넉넉한 농담 한마디.

"그럼 한 바꾸 돌고 저녁에 또 모이는 거쥬?"

마음 탁 풀어놓고

쌍둥엄마의 전화 몇 통화로 한 끼 식사에 여러 명이 함께 행복을 누렸습니다. 유기농 당근즙에, 하하호호 즐거운 웃음까지

고명으로 얹어서…….

아낙 몇은 집에 가봐야 특별한 일이 없으니 당근 포장하는 일을 거들고 가겠다고 나섭니다.

"그려? 나야 좋지."

정말 좋은지, 일하러 나가려다 말고 쌍둥엄마가 콧노래를 흥얼거리며 춤을 추려 합니다.

"가만 있어 봐유. 그냥 할 게 아니구……."

그러더니 노래를 틉니다. 언제 꽂아 두었는지 신나는 '도롯도'가 흘러나옵니다. 현관으로 나서려다 말고, 때 아닌 도롯도에 놀라 모두들 주춤주춤 쌍둥엄마만 보고 있는데 하나둘 하나둘, 스텝을 꼬며 춤을 추는 쌍둥엄마.

피식피식 웃고 있는 아낙들 가운데 제일 얌전한 미진엄마의 팔을 붙듭니다.

"아, 아줌마 어디 가유? 스텝 밟어!"

모두들 배꼽을 잡고 웃습니다. 한 해 농사를 끝낸 아낙들이 걱정 없이 한바탕 웃습니다. 여름내 허리 펴기가 버거운 마늘밭에서, 고추밭에서, 콩밭에서 한숨을 내쉬며 일하던 그 아낙들이 오늘은 마음 탁 풀어놓고 큰 소리 내어 웃습니다. 한순간 모두의 얼굴이 해처럼 밝게 빛납니다. 그 어떤 근심이 이 웃음을 방해하겠습니까?

세 번째 콩깍지

내가 부르는 노래가 제맛

들판에도 노래가 가득합니다.

냉이는 냉이대로, 꽃다지는 꽃다지대로

진달래는 진달래대로, 하얗게 노랗게 불긋하게,

만물이 자신의 존재를 다 기울여 이 봄을 노래합니다.

저 또한 뭇 생명들과 한데 어울려

제게 허락된 목소리로 노래를 부릅니다.

그 노래,

들리는 사람 있나요?

경상도 아내, 충청도 남편

사람과 사람의 인연도 예사로운 일이 아니지만, 사람과 책의 인연도 함부로 할 수 없다는 생각이 듭니다. 저처럼 책 한 권으로 특별한 사람들과 인연을 맺은 경우는 더 그렇습니다.

그러니까 4년 전, 저는 월간 《작은 것이 아름답다》의 부탁으로 서산에 살고 있는 화가를 취재하러 나섰습니다. 서울에서 서산은 넉넉히 잡아도 두 시간 반이면 갈 수 있는 거리인데, 피서를 떠나는 차들과 함께 섞이는 바람에 무려 여덟 시간 걸려 간신히 도착했습니다.

그런데 힘들게 찾아간 그 길이 결국에는 제 남편 될 사람을 만나러 가는 길이었으며, 그렇게 어렵게 찾아뵌 화가가 우리 부부의 중신아비가 되리라는 사실을 그때는 몰랐습니다.

누구를 위한 칼질인가?

아가씨였을 적에, 경상도 여자인 저는 경상도 남자를 별로 좋아하지 않았습니다. 그 까닭은 좀 엉뚱했습니다. 좋게 말하면 박력 있다고 하겠지만, 나쁘게 말하면 다정하지 못한 말투가 싫은 것이 첫 번째 이유, 집안일이나 부엌일에 도통 나 몰라라 하는 태도가 싫은 것이 두 번째 이유, 19년이나 살아온 경상도를 떠나 전혀 새로운 곳의 사람들과 살고 싶은 이유는 덤으로 따라 붙었습니다.

민서아빠는 그 조건을 다 만족시킨 사람이었습니다. 결혼 전, 민서아빠를 만나러 서울에서 서산으로 한 번씩 내려가 보면, 민서아빠 곁엔 온통 다정다감한 사람들뿐이었습니다. 중신아비를 비롯하여, 일찌감치 가정을 꾸린 민서아빠의 지인들을 만나 뵈니 아주 어려운 손님만 아니면 서슴없이 부엌에서 칼을 잡고 음식을 차려 내었습니다.

민서아빠도 마찬가지였습니다. 민서아빠는 '해변대', 다시 말해 '해변 방위대'의 취사병 출신인 데다 그 당시 민속 주점의 주인이자 주방장이었으므로, 이미 요리는 어지간한 수준에 올라 있던 터였습니다. 빵가루를 넣은 고소한 파전, 쫄깃한 면발의 국수를 곁들인 새콤달콤한 소라무침, 맵지 않은 주꾸미볶음에 이미 통달해 있었습니다. 하지만, 저에게 합격점을 받은 요리는 따로 있었습니다. 굵은 소금 말고는 아무것도 넣지 않은 깔끔한 무국이었습니다. 다른 때는 주방에서 별다른 소리가 들리지 않다가도, 저를 위해 무를 썰 때면 '따다다다' 칼질 소리가 신나는 장단을 타곤 했습니다.

그런데 결혼한 뒤에는 그 칼질 소리를 아주 특별한 경우에만 들을 수 있습니다. 저를 위한 칼질은 온 데 간 데 없어지고, 구경꾼이 많이 모였을 때, 이를테면 마을 김장을 할 때나 부부 동반으로 동창 모임에 나갔을 때, 횟감이 생겨 누군가의 손길을 기다릴 때, 민서아빠는 다른 사람에게 뺏길세라 칼을 먼저 잡고 시범을 보이는 것입니다. 그 칼질에 감탄해 저를 부러운 눈빛으로 쳐다보는 사람들은 알까요? 제가 어디 다녀오느라 점심때를 훌쩍 넘겨 돌아오면 민서아빠는 그때까지 굶었으면 굶었지 김치조차 썰지 않는다는 사실을…….

속 보이는 칼질에 대해 민서아빠랑 얘기를 안 한 것은 아닙니다. 그런데 그 대답이 더 그럴 듯해서 제가 한발 물러설 수밖에 없습니다. 요리도 계속해 버릇해야 느는 거니까 5년 동안 참았다가, 그래도 아니다 싶으면 그때는 부엌에 서겠다는 것입니다. 그런데 제가 해주는 어설픈 음식도 후루룩 쩝쩝쩝 잘도 먹는 걸 보면, 5년은커녕 50년 뒤에도 부엌에 서 있는 사람은 제가 될 것 같습니다.

그래도 민서 밥을 먹이는 일이라든가, 방 닦는 일, 빨래를 널어 주는 일, 원고 쓰느라 정신없을 때 민서랑 놀아 주는 일 따위는 아무 말 없이 잘해 주기 때문에, 칼질에 대해 좀 서운한 감이 있어도 제가 따로 잔소리를 하지 않습니다.

느긋하지 않은 충청도 남편

《작은 것이 아름답다》가 세상에 막 나왔을 무렵에 아주 재미있는 조사를 한 적이 있습니다. 지역감정이나 고정관념의 쓸모없음을 알리기 위해 충청도 사람들이 정말 느린가를 조사해 본 것입니다. 그런데 초등학교 아이들의 책 읽는 빠르기와 어른들의 걸음걸이 빠르기를 시간으로 재어 비교했더니 충청도가 다른 도에 비해 결코 느리지 않았을 뿐만 아니라, 114에 전화를 걸었더니 가장 빨리 안내원과 연결된 곳이 충청도이기도 했습니다. 과학에 바탕을 둔 치밀한 조사라고는 할 수 없지만, 그렇다고 그 결과가 아주 엉터리라고 할 수도 없을 것 같습니다. 적어도 경상도와 서울, 충청도에서 살아 본 제 경험으로 비추어 보건대…….

친정 부모님은 성격이 좀 급합니다. 친정아버지는 밖에 나갈 일이 있을 때면 10분 전에 이미 모든 준비를 끝내고 문 앞에 선 채, 얼른 준비하라고 다그칩니다. 친정어머니는 말도 빠르고 손도 빨라, 저에게 어떤 일을 시키고는 이런저런 참견에다, 결국엔 참다못해 당신이 빼앗다시피 하여 다시 합니다.

그런데 분명 당신들이 경상도에서 낳고 기른 딸인 저는, 느리고 굼뜨며 느긋한 편입니다. '모름지기 남의 집에 시집갈 여자는 행동이 빠릿빠릿하고 말도 똑부러지게 하고 엉덩이가 가벼워야 한다'는 친정어머니의 지청구를 귀에 못이 박히도록 들어왔던 저인지라, 충청도로 시집왔을 때 친정어머니처럼 다그치는 사람이 없어 참 편하고 좋았습니다. 그런데 생각지도 않던 한 사람, 바로 민서아빠가 저를 내버려 두지 않으니 어쩐답니까?

우리 가족이 밖에 나갈 일이 생기면, 민서아빠는 아예 미리 알려 줍니다. 몇 분 뒤에 나갈 테니 준비하고 있으라고. 그리곤 정말 단 1분도 어기지 않고 그 시간 문 앞에 섭니다. 그런데 혼자만 준비하는 것이 아니라 민서까지 챙겨야 하는 저는, 언제나 그 시간에서 2~3분을 더 쓰곤 하다가 지청구를 먹습니다. 성격으로 따지자면 오히려 민서아빠가 경상도 사람이요, 제가 충청도 사람인 것 같습니다.

'~유' 하는 사람들, 유柔한 사람들

흔히들 충청도 사람들을 양반이라고 하는데, 말을 많이 하지 않는 까닭도 거기에 들어갈 것입니다. 그런데 필요하지 않은 말을 하지 않는 것까진 좋은데, 어떤 땐 필요한 말조차 하지 않아 좀 곤란할 때가 있습니다. 경상도 남자들의 무뚝뚝함을 "아 아는? 밥 묵자, 자자"로 표현하곤 하지만, 충청도에는 충청도식의 과감한 생략이 있습니다.

전화를 받고 제가 "여보세요?" 하고 나면, 상대방은 자신이 누구인지 밝히고는 다짜고짜 말합니다.

"있시유?"

혹은 이렇게도 말합니다.

"뭐허유?"

그 말은 '민서아빠 있느냐?' 혹은 '민서아빠 뭐하느냐?'는 말을 줄인 것입니다. 그런데, 처음엔 저에게 물어보는 말인 줄 알고 전화 받기 전에 제가 뭐하고 있었는지를 자세히 가르쳐 주기도 했습니다.

충청도 식의 과감한 생략이 경상도에 비해 결코 허술하지 않다는 것은 '가유'라는 한 낱말로도 너끈히 알아챌 수 있습니다. 두 음절밖에 안 되지만 정말 여러 가지 뜻을 안고 있습니다.

"그럼 이만 가보겠습니다."

"잘 가세요."

"어머나, 벌써 가시려구요?"

"가도 됩니다."

"바쁘실 텐데 얼른 가세요."

"그럼 다음에 뵈어요."

어디에 힘을 주느냐, 얼마나 길게 늘이느냐, 말끝을 내리느냐 올리느냐에 따라, 말하는 이도 듣는 이도 그 안에 숨어 있는 뜻을 다 알아듣습니다.

민서아빠도 생략에 있어서는 남에게 뒤지지 않는 사람이라, 가끔 한 낱말만 얘기해 놓고 모든 걸 다 이야기한 것으로 칠 때가 있습니다. 예를 하나 들까요?

"메일."

"메일, 뭐?"

"메일 왔다고."

"근데?"

"받으라고."

"인쇄는 안 해?"

"해야지."

아예 처음부터 "메일 온 게 있는데, 인쇄 좀 해줘"라고 말했다면 대답도 "응" 하나로 끝났을 텐데, 무려 일곱 마디의 말을 주고받은 것에 저는 부아가 나고, 민서아빠는 첫마디에 알아듣지 못한 저를 탓합니다.

그런가 하면, 예전 있었던 일을 차근차근 시간 순서대로 이야기해야 할 일이 있을 때, 자세한 설명 없이 주인공이 뒤바뀌거나 시공을 훌쩍 뛰어넘어 이야기를 이어 버리기도 합니다. 그럴 땐, 옆에서 듣고 있던 제가 마치 원고 교정을 보듯이 설명을 덧붙여 주어야 합니다.

그래도 표준말 쓰는 일에 별로 신경을 안 쓰는 민서아빠여서 새로운 말을 배울 수 있는 장점도 있습니다. 제가 가장 먼저 배운 충청도 말이 '게갈안난다'는 표현입니다. 시쳇말로 '실속없다, 영양가 없다, 쓸 만하지 않다'는 말인데 충청도 말을 이해

하는 일이야말로 저에게는 게갈안나는 일입니다.

갓 결혼했을 때, 시댁에 가면 식구들이 하는 말의 반 정도만 알아들을 수 있었습니다. 사투리와 억양과 연음이 무척 헷갈렸습니다. 형님들이 투거리를 가져오라고 했을 때 저는 눈치껏 분위기를 읽어 국자를 들었습니다. 아니었습니다. 뚝배기를 이르는 말이었습니다, 그런가 하면, 천방지축 뛰노는 조카들을 보고 시어머니는 탑세기 난다고 말렸습니다. 짚새기랑 비슷해 저는 자꾸 그쪽으로 상상을 해보았지만, 먼지 날린다는 얘기였습니다. 박하지를 먹는다고 해서 박하잎을 나물로 해서 먹나 했더니, 바닷게의 한 종류였습니다. 할머니들이 '미서워'라고 하길래 속이 울렁거리나 했는데 무섭다는 뜻이었습니다. 정말 게갈안나는 상상력이지요?

이왕 충청도 말 이야기가 나왔으니 충청도 말의 대표 어미 '~유'에 대해서도 짚고 넘어가야겠습니다. 제가 지켜본 바로는 '~유'는 얼마나 힘을 주어 말하느냐에 따라 예에 어긋난 말이 되기도 하고 수더분한 말이 되기도 합니다. 일단 어르신들 앞에서 '~유' 대신에 '~요'를 쓰는 일은 눈총을 좀 받을 만하고, '~유'를 쓰더라도 힘을 줬다간 꼬박꼬박 말대꾸하는 사람으로 오해받기 십상입니다. 의뭉하게 앞말과 뭉쳐서 대충 말하거나 말끝을 흐리듯이 얼버무려야 제대로 인정받는 '~유'가 됩니다.

그렇게 부드러운 어미 '~유'를 평생 쓰며 사는 유柔한 사람들 곁에서 살다 보니, 19년 동안 '~아이가?'를 쓰며 자랐던 저도, "가유?", "오셨슈?", "왜유?" 같은 말은 아무렇지 않게 쓰게 되었습니다. 그래도 여전히 외국말 같은, 뜻을 가늠하기 어려운 충청도 말이 제 귀를 신선하게 두드릴 때가 많습니다.

비슷하게 혹은 다르게

말만 다른 것이 아니라 지역 간의 발전 차도 크고 집안 형편도 달라서, 제가 어렸을 적 "우리 집에 텔레비전 샀다!"라고 골목길에서 자랑하고 다닐 즈음, 민서아빠네 마을에는 전기가 처음으로 들어왔습니다. 그런가 하면, 야근으로 새벽 두세 시에 퇴근하던 친정아버지는 가끔 통닭을 사들고 왔는데, 우리 남매는 그걸 졸리는 눈을 비벼 가며 먹곤 했습니다. 그런데 민서아빠는 어렸을 적, 집간장을 멀겋게 끓인 맨장국을 추억하거나, 물살에 떠밀려 온 꽃게랑 갑오징어를 집 앞 바닷가에서 주워 담곤 했다는 전설 같은 이야기를 하곤 합니다.

이렇게 다르게 살아온 두 사람이, 한 지붕 아래서 살고 있다는 것이 얼마나 재미있는 일인지……. 말 그대로 지지고 볶으며 살 때도 있습니다. 그동안 말다툼으로 민서아빠가 한밤중에 뛰쳐나가기 두 번, 제가 아무것도 안 하겠다며 파업을 선언하고 한 이틀 드러누워 있기 대여섯 번, 밤새도록 운 적이 한 번 있습니다. 그래도 알게 모르게, 아닌 척하면서도 서로를 인정해

주며 살아가고 있습니다.

기름만 해도 그렇습니다. 민서아빠는 콩기름은 물론이요 참기름, 들기름이 조금 많이 들어갔다 싶으면 느끼하다 하여 잘 먹지 않습니다. 김도 기름을 바르지 않은 채 담백하게 구운 것을 좋아합니다. 반대로 저는 일단 기름이라면 무엇이든지 듬뿍듬뿍 넣어 먹는 습관이 있었습니다. 고소한 냄새를 즐겼습니다. 그런데 민서아빠가 하도 기름 타박을 하다 보니 어느새 저도 적은 양만 넣게 되었고, 어쩌다 조금 많이 들어갔다 싶으면 이제는 저마저도 잘 먹지 않게 되었습니다. 그런가 하면 저는 음식에 칠월 마늘 넣는 것을 좋아하지 않습니다. 맵고 아린 맛 때문에 육쪽 마늘이 없으면 차라리 넣지 않는 쪽을 택합니다. 다행히 민서아빠도 이제는 '뭔가 빠진 듯한' 마늘 맛에 대해서는 마음을 쓰지 않습니다. 그러다 보니 우리 집 나물 요리는 딱 두 가지 양념으로 완성될 때도 있습니다. 간을 맞추기 위한 집간장이나 소금, 통깨로만 나물을 무쳐 먹는 것입니다.

그렇게 무친 것도 같고 아닌 것도 같은 나물을 두 사람이 맛있게 먹고 사는 것처럼, 앞으로도 우리 집 지붕 아래서는 투닥투닥, 아웅다웅, 알콩달콩 맞춰 가며 사는 소리가 끊이지 않을 것입니다. 신발을 깨끗하게 신네 안 신네, 옷을 함부로 입네 아니네, 방을 대충 닦았네 아니네, 애 목욕을 내가 더 많이 시켰네 아니네 하면서……. 그래도, 간혹 아무 말 안 했는데 서로 같은 생각을 할 때가 있습니다. 그러면 누가 먼저랄 것 없이 한 입처럼 하는 말.

"우린 부부야."

맞습니다. 하나님께서 맺어 주신 부부입니다. 그동안 전혀 다르게 살아온 두 사람을 그럴듯한 부부로 만드느라, 각자의 마음속에 있는 하나님께서 좀 많이 힘드시겠지만…….

시절과 벅수

제 고향 통영에는 '벅수'라는 말이 있습니다. '바보'라는 말입니다. 정말 바보라고 손가락질하며 쓰기도 하지만, 사랑과 정을 섞어 쓸 때도 있습니다. 다시 말하면 '내 속에도 너와 같은 어리석음이 있는데 그래서 더 친근한, 영악하지 못한, 챙겨 줄 수밖에 없는 이 친구야'라는 뜻으로 쓰입니다. 똑같은 뜻으로 민서아빠 고향인 서산에도 '시절'이라는 말이 있습니다. 하나님이 보면 우리 부부는 시절 같은 아내요, 벅수 같은 남편일지 모르겠습니다. 음, 생각해 보니, 그렇게 사는 것도 그다지 나쁘지 않을 것 같습니다. 아름다운 시절로, 아름다운 벅수로 산다면 말입니다.

양말을 갤 때마다

여느 시골 마을처럼 우리 마을에도 혼인잔치나 환갑잔치, 칠순잔치, 장례가 있는 날이면 너나없이 그 집으로 달려가 일을 거듭니다. 그 손길이 고마워 잔칫집에서는 답례로 선물을 주는데, 대개 양말입니다.

그런데 남자 양말이라면 포장을 뜯어보지 않아도 검은색이나 회색이겠지만 여자 양말인 경우는 좀 다릅니다. 쑥색, 개나리색, 병아리색, 당근색, 포도색, 옥색, 꽃무늬 있는 흰색……. 집집마다 표시라도 내려고 한 것인지 같은 색깔을 찾아보기 힘듭니다. 그래서 여자 양말을 선물로 받은 날은 양말 곽을 열기 전에 '이번엔 무슨 색깔일까? 무슨 무늬일까?' 잠깐 마음이 설레기도 합니다.

빨랫줄에 널린 양말을 볼 때나, 다 마른 양말을 갤 때면 어느 잔치에서 받은 것인지 가끔씩 떠오르기도 하고, 그 집 안주인이 마음 써서 골랐겠거니 헤아려 보기도 합니다. 어쩌다 동네 아주머니가 내 양말을 신고 있나 싶어 잠깐 놀라다가도 '아, 잔칫집!' 하고 끄덕일 때도 있습니다.

색색깔의 양말이 밀어낸 것들

그 사람을 알려면 신발을 보라는 말도 있지만, 어찌 보면 사람의 하루를 속속들이 아는 것은 신발보다 양말일 것입니다. 요즘 저는 양말을 갤 때마다 '내 생활이 달라졌구나' 하고 새삼스럽게 느낍니다.

직장 생활을 그만둔 것이 지지난해 여름이었습니다. 그때까지만 해도 서랍장 속엔 온통 검은색 양말뿐이었습니다. 남편 것과 제 것 모두 검은색이었습니다. 그런데 애기 엄마로 살다 보니, 서랍장 속의 양말 색깔이 차츰 달라져 갑니다. 우리 마을의 어떤 집이라도 서랍장을 열어 보면, 우리 집 서랍장 속 색깔과 많이 다르지 않으리란 생각이 듭니다. 이 집 저 집에서 선물 받은 양말로 채워져 있기 때문입니다. 한 마을에 산다는 것은 그런 것일지도 모릅니다.

그런데 갖가지 색깔의 양말이 밀어낸 것은 검은색 양말만은 아닌 것 같습니다. 도시에서 신었던 양말들이 밀려난 것처럼, 도시에서 살아남기 위해 배웠던 삶의 방식들도 하나씩 밀려났습니다. 그 덕분에 이제 저는 좀 더 편안하고 느슨한 사람이 되어 가고 있습니다.

7년 전, 서울에 살던 스물여덟 살의 저는 지금과는 좀 다른 사람이었습니다. 여느 직장인들이라면 입게 마련인 고만고만한 모양의 옷 속에 저를 잘 끼워 넣으며 살았습니다. 아침마다 굽 높은 검정 신발에 검정 스타킹이나 검정 양말을 갖춰 신는 것에 대해서도, 뭐 달리 마음을 기울여 생각해 본 적이 없습니다.

그러다가 한번은 좀 웃지 못할 일을 겪었습니다. 그때 저는 한 잡지사로부터 부정기 간행물의 한 부분을 써 달라는 부탁을 받았습니다. 그 책의 주된 내용은, 그즈음 유행하던 옷들의 유행 경향과 그것을 만들어 낸 회사에 대한 것이었습니다. 저와 함께 글을 쓰게 될 분들은 다양한 분야에서 일하는 전문가들이었는데, 가끔 한데 모여 기획회의를 열었습니다. 글 쓴 경력이 많지 않은 데다 패션에 대해서 거의 문외한이었던 저는 그때마다 이것저것 신경 쓰이는 것이 많았습니다. 당연히 입고 나가는 옷에도 잔뜩 마음을 쓰곤 했습니다.

그날은 검은색 옷을 차려입고 나갔습니다. 검은색 정장에 검은색 구두, 검은색 가방에 검은색 머리핀까지……. 모든 것을 다 갖추어 입고 자신 있게 나갔습니다. 그런데 회의를 하기 위해 둥글게 둘러앉았을 때, 저는 제 발을 내려다보고 깜짝 놀라고 말았습니다. 검은색 구두와 너무도 잘 대비되는 하얀색 양말 때문이었습니다. 옷을 갈아입을 때 집에서 신고 있던 양말을 미처 갈아 신지 못한 탓이었습니다.

그날 회의에서 저는 그 어떤 이야기에도 귀를 기울일 수가 없었습니다. 검은색 바지엔 검은색 양말을, 검은색 구두엔 검은색 양말을……. 누가 억지로 시킨 건 아니지만, 저는 그 규칙에 매여 자유롭지 못했습니다. 그리고 그 일은 며칠 내내 저를 괴롭혔습니다. 원래 실수에 대해 쓸데없이 자책하는 성격이어서 덜렁거린 저 자신을 속으로 많이 꾸짖었습니다. 마치 잘 외던 수학 공식을 실수로 틀린 학생이 자신을 너그러이 받아들이지 못하는 것과 비슷한 감정이었을 것입니다.

몇 년이 지난 지금도 그날을 잊어버리진 않았습니다. 하지만, 지금은 좀 다른 뜻으로 그 일을 받아들입니다. '왜 그런 실수를 했을까?' 자책하던 것을 '왜 그렇게 얽매여 살았던가?' 하고, 어리석기만 했던 저를 여유롭게 바라보게 되었습니다.

어머니와 양말

초등학생이었을 때도 그랬지만, 한참 겉모습에 신경 썼던 여고생이었을 때 우리 어머니는 양말을 기워 주었습니다. 주로 뒤꿈치와 엄지발톱 끝이 잘 헤져 구멍이 났는데, 어머니는 발바닥 전체에 다른 양말을 덧대어 꼼꼼하게 홈질을 해주었습니다. 하지만 저는 그 양말이 정말 싫었습니다. 우선 양말 바닥이 두터워서 싫었고, 아무리 곱게 땀을 떴다 하더라도 눈에 띄게 마련인 하얀 무명실이 싫었습니다.

여고 때 다니던 교회에서는 중고등부 학생 예배가 따로 있었는데, 신발을 벗고 바닥에 앉아 예배를 드려야 했습니다. 어쩔 수 없이 기운 양말을 신은 날이면, 남학생들한테 들킬까 봐 치마로 가리기도 하고 성경책으로 가리기도 했습니다. 걸을 땐 발바닥이 보일까 봐 맘 놓고 걷지도 못했습니다. 지금 친정어머니는 눈이 어두워 바느질을 하지 않습니다. 물론 양말을 기워 신을 생각도 안 합니다. 추억 삼아 하나 만들어 달라고 해도 이제 그럴 수가 없게 되었습니다.

목사님도 요전 날에 콧날 시큰한 이야기를 해주었습니다. 가난한 신학생이었던 목사님은 양말을 짝짝이로 신고 다니기로 이름이 나 있었다고 합니다.

"제발 아무거나 손에 잡히는 대로 신고 나오지 마라." 보다 못한 동기생들이 귀띔을 해줄 정도였다고 합니다. 그러나 목사님한테는 그럴 만한 이유가 있었습니다. 눈이 어두운 노모께서 행여나 바뀔세라 마음 써서 짝을 맞춰 준 그 양말을, 차마 짝이 바뀌었노라고 말씀 드릴 수가 없었던 것입니다.

잃어버린 양말

그러고 보니 양말에는 가족의 모습도 고스란히 담겨 있는 것 같습니다. 제 남편은 5형제 가운데 막내인데, 시댁에 갈 때면 양말을 따로 챙기지 않습니다. 시댁 서랍장 속엔 검은색 양말이 십여 켤레 들어 있기 때문입니다. 그 양말의 주인은 따로 없습니다. 살림을 따로 나서 살고 있는 다섯 명의 아들이 오며 가며 벗어 놓고, 또 갈아 신는 양말들입니다. 눈으로 보지는 못했지만, 올망졸망 소년으로 자라날 때도, 떠꺼머리 총각이었을 때도 다섯 아들은 내 것 네 것 없이 양말을 같이 신었을 것입니다. 한 가족이기에 있을 수 있는 일일 것입니다.

올 설에도 시어머니는 아들 다섯, 며느리 다섯, 손주 여덟을 위해 새 양말을 마련해 주었습니다. 시어머니로선 가장 부담 없이 가장 공평하게 나눠 줄 수 있는 선물입니다. 지난 추석 때만 해도 당신의 지아비 양말을 함께 마련한 시어머니였지만 이번 설에는 그렇게 하지 못하였습니다. 지난 12월에 하나님께서 시아버지를 먼저 부르셨기 때문입니다. 양말 가게에서 남자 양말 여섯 켤레를 잡았다가 한 켤레를 내려놓았을 시어머니 마음이 헤아려집니다.

세 명으로 단출하지만 우리 가족에게도 달라진 것이 있습니다. 아들 민서가 태어나면서 우리 서랍장에는 아기 양말이 한 자리를 차지하게 되었습니다. 엄마, 아빠, 민서가 한방에서 나란히 자듯이, 서랍장 속 양말들도 나란히 한 가족처럼 자리를 잡고 있습니다. 그런데 민서한테는 미안한 일이지만, 어찌 된 일인지 빨래를 할 때마다 민서의 양말 한 짝을 잃어버리기 일쑤입니다. 밖에 나가 잃어버리는 일은 별로 없는데 꼭 빨래한

다음에는 보이지 않습니다. 더러는 세탁기 옆이나 뒤에서 찾기도 하는데, 어떨 땐 영 못 찾기도 해서 꼼꼼하지 못한 초보 엄마의 살림 솜씨가 들통 납니다.

잃어버린 양말은 아깝지만, 그래도 그것 때문에 좋은 깨달음을 얻기도 합니다. 세상에는 잃어버리면 다시 구할 수 있는 것과 다시는 구할 수 없는 것이 있습니다. 양말이야 잃어버리면 다시 사면 됩니다. 하지만, 민서가 자라나는 순간순간은 잃어버리면 다시는 찾을 수 없을 것입니다. 민서가 다운증후군이어서 더욱 그러할 것입니다. 꼼꼼한 관심과 사랑이 필요한 민서에게 그때그때마다 필요한 것들을 해주지 못하고 때를 놓쳐 버리기라도 한다면……. 한 짝만 남은 민서 양말을 들고서 문득 그런 생각을 했습니다.

사람 몸에 걸치는 것에는 값싼 것도 있고 비싼 것도 있지만, 싸건 비싸건 양말을 그리 값어치 있게 치는 사람은 없을 것입니다. 흔하디 흔한 물건이라 언제 내게로 왔다 언제 내 곁을 떠나는지 눈치 채지도 못할 것입니다. 세월 흐르면서 세상도 변하고 사람도 변하고 생각도 변하는 그 자리에, 양말은 그냥 양말로 그렇게 무심히 있을 뿐입니다.

상사화 필 무렵

올해 이른 봄에 상사화를 옮겨 심었습니다. 푸른 잎을 한참 보았고, 시든 잎을 보았고, 시든 잎마저 마르고 말라서 깜빡, 상사화 심은 자리를 잊어버렸는데, 참말로 꿈결처럼 분홍색 꽃대가 올라왔습니다.

첫 봉오리가 터져 제 가슴이 두근두근할 그맘때, 예배당 한 자리가 비었습니다. 자리를 정해 둔 건 아니지만, 대개 교회 식구들이 앉는 자리가 정해져 있게 마련이어서 자리가 비면 누가 못 왔는지 금방 알게 됩니다. 이번에 비게 된 자리는 서근터 마을에 살던 윤소선 할머니입니다. 할머니의 자리는 이제 우리 예배당에 있지 아니하고, 할머니가 그리던 하늘나라로 옮겨졌습니다.

큰 복을 받으신 할머니

할머니는 토요일 오후에 배가 아프다고 보건소까지 걸어가서 손수 약을 지어 갔다고 합니다. 그리고 저녁 8시쯤에 몸 상태가 갑자기 나빠져 목사님을 불렀고 부랴부랴 홍성의료원으로 모셨다고 합니다. 응급실에서 별다른 대답을 듣지 못했고 천안의 큰 대학병원으로 옮겼는데, 다음 날 그러니까 주일 아침 아홉 시 사십 분에 할머니는 눈을 감았습니다.

할머니의 부고를 예배가 끝난 후에 들었으니, 시간을 다시 따져 보면, 교회차가 교회 식구들을 실으러 마을을 돌던 그 시간에, 할머니는 여느 때처럼 교회차를 탄 게 아니라, 천국 가는 더 좋은 차를 탄 것이 됩니다. 어쩌면 우리가 예배를 드리던 그 시간에 할머니는 이미 하나님을 뵙고 천국에서 우리 예배를 내려다보았거나, 또 어쩌면 하나님과 함께 은밀한 기쁨을 나누며 우리 예배에 함께 계셨을지도 모릅니다. 지난 주일까지만 해도 사람의 몸을 입고 우리 교회에서 예배를 드린 분이, 이번 주일에는 천국 사람이 되어 손님으로 와서 예배를 드렸을지 모르겠습니다.

부고를 듣자마자 점심도 먹는 둥 마는 둥하고 천안으로 달렸습니다. 12인승의 작은 교회차 안에는 여든여덟 해를 건강하게 살다가 자식들 짐 지우지 않고 편안하게 돌아가신 할머니에 대해 "큰 복을 받으셨다"는 말들이 오고 갔습니다. 그리고 십 년 전에, 혹은 이십 년 전에 돌아가신 마을 사람들의 이야기도 함께 떠다녔습니다.

그런 이야기에 귀를 기울이면서도 저는 할머니의 얼굴을 떠올리려 애쓰고 있었습니다. 하지만 좀체 할머니의 얼굴이 떠오르지 않았고, 지난 주 예배 때 '성도의 교제' 순서에서 제가 할머니한테 인사를 드렸는지 안 드렸는지조차 기억나지 않았습니다. 민서를 귀여워하고 우리 부부를 아껴 준 할머니의 사랑에 비하면 저의 기억력은 그토록 하잘것없는 것이어서, 미안함과 서운함이 온통 제 가슴을 물들이고 있었습니다.

재산보다 더 큰 것

윤소선 할머니는 큰딸인 이윤우 집사님과 단둘이 살았습니다. 두 분 다 말수가 적고 온유한 분인데, 하나님께서 우리 교회에 천사가 있느냐 물으시면 주저 않고 가리킬 만한 분들입니다.

할머니는 남편을 일찍 여의었는데, 십여 년 전에 이윤우 집사님마저 홀로 되자 두 분이 서로 의지하며 살아왔습니다. 모녀 사이이긴 하지만, 두 분처럼 살 수 있을까 싶을 정도로 두 분의 정은 남달랐습니다. 할머니는 이윤우 집사님 걱정으로 멀리 다녀오는 외출일랑은 아예 삼갔습니다. 할머니가 계시지 않으면 집사님이 밭일을 마치고 돌아와 홀로 전깃불을 켜게 될 테고 할머니는 그것이 미안하였던 것입니다. 그런가 하면 이윤우 집사님은 마을 행사가 있어 점심을 환경농업교육관에서 잡숫게 될 때에도 꼭 댁에 내려가서 따순 국물과 함께 할머니께

진지를 올리곤 하였습니다. 마을 사람들도 두 분이 어떻게 살았는지를 다 아는지라, 어느 누구 할 것 없이 할머니 없이 살아야 할 이윤우 집사님의 처지를 걱정합니다.

할머니는 딸만 넷을 두었습니다. 남편 없는 설움과 여자들만 사는 설움, 거기에 아들을 낳지 못한 설움까지, 할머니가 남몰래 겪어 냈을 세월을 짐작해 봅니다. 억울하거나 서러운 소리를 들으면, 그런 소리를 이겨 내기 위해 오히려 더 독해지는 사람들도 있지만 할머니와 집사님은 그저 말없이 속으로 삭히기만 하였습니다. 그런데도 두 분의 얼굴에는 고통이나 괴로움의 흔적이 전혀 없었습니다. 두 분을 뵐 때마다 제가 읽어 낸 것은 고요함과 평안함이었습니다. 둥글고 자그마한 두 분이 다소곳이 예배당에 앉아 있는 모습만으로도 평화를 느끼곤 했습니다.

올 봄, 할머니는 큰돈을 들여 목사님네 식구에게 점심을 대접하더니 다음으로 우리 식구에게도 그리 해주었습니다. 광천 바닷가에 굴구이와 굴밥을 파는 곳이 새로 생겼는데, 할머니는 그곳으로 우리 식구를 데리고 갔습니다. 근사한 식당이 아니어서 우리는 뭐 얼마나 비싸랴 했는데, 값을 따져 보니 5만 원 돈이었습니다. 농사채도 거의 없고 기초생활 대상자로 나라에서 나오는 생활비로 살았던 할머니입니다. 그만한 돈이 나올 데라곤 딸이나 사위, 외손주들이 드린 용돈과 생활비에서 얼마간 떼어 모아 둔 돈이었을 것입니다. 꼬깃꼬깃 모아 둔 돈이라 생각하니 할머니에게 더 송구했고, 그렇게 비싼 식사인 줄 알았다면 그냥 국밥 한 그릇이면 된다고 말할걸, 두고두고 너무 큰 대접을 받았다는 생각이 들었습니다.

장례가 다 끝난 후에 들은 얘기지만, 할머니는 차례대로 동네 사람들 모두에게 식사를 대접해 주었다고 합니다. 자식에게 남길 재산이 없었던 할머니는, 홀로 되신 이윤우 집사님이 마을 사람들한테 설움 당하지 않고 살 수 있도록, 돌아가시기 전에 미리 덕을 베풀어 놓은 듯합니다. 재산보다 더 큰 것을 남겨 놓은 것입니다. 할머니의 뜻대로, 마을 사람들뿐만 아니라 옆 마을 사람들마저 한 목소리로 이윤우 집사님의 효심을 칭찬하고 할머니가 좋은 데 가셨을 거라고 애도해 주었습니다.

지지난달에 할머니댁 살구가 익었을 때를 떠올려 봅니다. 잼을 만들려고 살구를 좀 따가겠다고 했습니다. 울타리 밖에서 교회 사모님이랑 가지를 흔들어 대며 떨어진 살구를 줍고 있는데, 장대로 두드려 따라고 장대 있는 곳을 일러 주시더니 조금 있다가 한 봉지의 살구를 들고 나왔습니다. 외손주가 오면 주려고 깨끗한 것만 따로 골라 두신 것을 아깝지 않게 내어 준 것입니다. 할머니는 그렇게 베풀고 또 베풀기만 하였습니다.

얼마 전에 두 분은 삼계탕을 끓여 우리 식구를 부르더니, 할머니는 국물만 드시면 된다 하고, 이윤우 집사님은 우리 부부에게 살덩이를 자꾸만 더 얹어 주며 말했습니다.

"더 드셔, 더 드셔, 장정이 고것 먹구 되남?"

그 삼계탕을 앞에 두고 하나님께 식사 기도를 했던 것이 기억납니다. 이 땅에 계시는 동안 두 분이 건강하게 사실 것과 하늘나라에 더 좋은 날들을 예비하여 달라고 하였습니다. 물론, 그 기도가 이렇게 빨리 이루어지리라곤 생각지도 못하면서…….

꼬깃꼬깃 뭉쳐 둔 50만 원

할머니의 영정은 참 젊었습니다. 오래된 흑백 사진이었는데, 저는 쳐다보고 또 쳐다보고 했습니다. 할머니의 얼굴을 오래오래 기억하고 싶었기 때문입니다. 수십 송이 국화와 백합에 둘러싸여 있는 할머니의 영정을 보며, 살아서 저렇게 많은 꽃을 받아 본 일이 없을 텐데, 영혼이 되어 꽃을 받은 할머니는 기뻐하셨을까 생각해 보기도 했습니다.

할머니는 민서아빠를 부를 때 환경농업교육관 사무국장이라는 어려운 직함 대신에 꼭 소장님이라고 불렀습니다. 또 민서만 보면 "어디, 어디?" 하며 손을 내밀어 보라고 했습니다. 순하다고, 민서가 참 순한 아이라고 늘 입버릇처럼 말씀하던 것이 새삼스레 떠오르기도 하고, 이제 소장님이라고 정겹게 불러 줄 사람이 없다는 생각에 눈시울이 뜨거워졌습니다.

이윤우 집사님은 할머니의 죽음을 미리 알았던 모양입니다.

사람이 죽기 바로 전에는 여느 때와 다른 행동을 한다고들 하는데 할머니도 그러셨던 것 같습니다. 토요일 보건소에서 받아온 약을 드실 때, 여느 때와는 다르게 너무 많이 드셨다고 합니다. 보건소장이 밥 먹고 30분 지나서 드시라고 하면 20분도 아니고 40분도 아니고 정확히 30분에 정해진 양만 드시는 할머니였는데, 그날은 한 알 드시라는 약을 세 알이나 드셨고, 자꾸만 변을 보았다고 합니다. 그리고 이윤우 집사님이 급한 목소리로 목사님께 전화를 해놓고 나자 할머니는 자꾸만 손가락으로 바깥을 가리켰다고 합니다. 병원으로 가자는 뜻으로……. 두 분만 살던 집에서 할머니가 돌아가시면 이윤우 집사님이 한동안 생활하기 힘들다는 것과, 작고 낡은 집에서 자손들이 문상객 접대하느라 힘들어 할 것도 미리 헤아렸던 것입니다.

할머니는 병원에서 꼬깃꼬깃 뭉쳐 둔 50만 원을 내놓았다고 합니다. 자식들한테 부담을 주지 않기 위해 병원비까지 마련해 두었던 것입니다. 언제 그만한 돈을 모았는지 한집에 사는 이윤우 집사님조차 전혀 눈치 채지 못했다고 합니다.

할머니의 장례 절차는 한 가지만 빼고는 다 할머니의 바람대로 이루어졌습니다. 목사님과 민서아빠가 손수 염해 주기를 바라셨지만, 병원 사정으로 되지 않았습니다. 하지만 할머니의 돈으로 병원비를 치렀으며, 집이 아닌 병원에서 문상객을 받았고, 우리 교회 목사님이 모든 예배를 맡았습니다. 또 바라던 대로 화장을 해드렸습니다.

아무도 모르게 당신의 죽음을 준비해 온 할머니는 화장장에서 몇 줌의 뼈만 남긴 채, 육신이 머물던 이 세상을 그토록 쉽고 가볍게, 그리고 깨끗하게 떠났습니다.

이곳에 와서 저는 여러 번의 장례를 옆에서 지켜보았습니다. 그러나 윤소선 할머니처럼, 그렇게 조용하고 평화로우며, 무엇보다 준비된 죽음과 장례를 본 적이 없습니다. 언제부터 할머니가 당신의 죽음을 준비하였는지는 모르겠습니다만, 이름 없는 시골의 한 할머니의 죽음이라고 하기엔, 세상에 이름난 그 어떤 사람의 죽음보다도 훌륭하고 축복 받았다는 생각을 해봅니다.

여든여덟 해를 살았지만, 저는 할머니의 삶에서 겨우 두 해 정도를 지켜볼 수 있었습니다. 그것도 할머니가 워낙 눈에 띄지 않게 살았기 때문에, 할머니와 얼굴을 마주보며 이야기한 시간을 따지면 채 한나절도 되지 않을 것입니다. 할머니가 어떤 세월을 살았는지 하나님께 어떤 기도를 드렸는지, 그리고 지금은 눈물 없고 고통 없고 설움 없는 곳에서 어떻게 계시는지는 하나님만 아실 터입니다.

사람은 누구나 문상객이 되고 유족이 되며 또 상주가 되고 고인도 됩니다. 그처럼 죽음은 멀리 있거나 남의 얘기가 아니라 늘 곁에 있는 익숙한 것입니다. 그럼에도 죽음에 대해 얼마나 잘 잊어버리고 사는지…….

할머니의 죽음은 제게 가르쳐 주었습니다. 사람들은 어떻게 사느냐에 온 삶을 쏟아 버리지만, 어떻게 죽어야 하느냐도 온 삶을 기울여야 할 만큼 중요한 일이라는 것을……. 저는 할머니의 죽음을 보며 저의 죽음을 꿈꾸었습니다. 저렇게 할머니처럼 조용하게 준비해 놓고 죽을 수 있기를, 죽기 전에 주위의 사랑하는 사람들에게 후회 없이 다 베풀기를 소망했습니다.

꿈결인 듯

할머니의 장례를 치르는 동안, 상사화는 봉오리를 있는 대로 다 터뜨리며 할머니의 죽음을 슬퍼했습니다. 상사화에 꿈결인 듯 옅은 향기가 있다는 것도 이번에야 알았습니다. 사람의 팔십 평생도 이처럼 있는 듯 없는 듯 꿈결 같을 것입니다.

할머니의 영정 앞에서 이윤우 집사님의 손을 잡았을 때, 집사님은 할머니를 그리워하는 저에게 말했습니다.

"올 가을에 목사님네랑 민서네, 굴 한번 더 사줘야 한다고 얼마나 여러 번 얘기하셨는지 몰라. 왜 이리 가을이 더디 오냐고 왜 이리 더디 오냐고 그러셨지."

하나님의 숲

그날 아침엔 이슬비가 내렸습니다. 이파리 끝끝마다 눈물방울을 달고 있는 소나무들을 보았습니다. 더 이상 숲에 들어가지 않았습니다. 나무들이 조용히 울 수 있게 발길을 돌렸습니다. 알 듯도 싶은 그 슬픔을 사진으로 남겨 두려는 짓은 더더욱 하지 않았습니다.

소망을 갖게 한 솔숲

아브라함이 상수리나무 곁에서 하나님을 뵌 것처럼, 모세가 가시나무 떨기에서 하나님을 뵌 것처럼, 저같이 내세울 것 없는 사람도 하나님의 모습을 뵐 수 있다면 다른 곳 말고 솔숲이었으면 좋겠습니다. 그런 소망을 갖게 한 솔숲을 저는 알고 있습니다. 감히 '하나님의 숲'이라 이름 지은, 우리 집에서 문만 열면 보이는 솔숲입니다.

매일 오후 두세 시가 되면 이제 막 한두 발짝을 떼기 시작한 민서를 업고 솔숲으로 산책을 나갑니다.

"안녕, 소나무야. 나는 민서야. 너는 참 오랜 세월을 살았구나. 안녕, 작은 소나무야. 너도 나처럼 어리구나."

말을 하지 못하는 민서를 대신하여 제가 한 그루 한 그루에게 인사를 건네면, 민서는 소나무의 껍질을 쓰다듬곤 합니다. 가끔 민서도 옹알이로 인사를 건네는데 엄마인 저는 알아들을 수 없어도, 또 모르지요, 소나무는 다 알아듣고 있을지…….

민서는 다운증후군 아이치곤 잔병 없이 건강한 편입니다. 그 까닭이야 여러 가지겠지만 깨끗한 환경의 영향도 적지 않을 것입니다. 좋은 냄새를 가진 소나무들도 틀림없이 그 일에 단단히 한몫하고 있을 것입니다.

산책할 때 소나무 사이를 거닐면 늙은 할배들이 생각납니다. 손주에게 기분 좋게 사탕을 건네듯이, 늙은 소나무들이 민서에게 테르펜틴이나 피톤치드 같은 특별한 선물을 "옛다" 하고 듬뿍 주시는 것 같습니다.

소나무들은 이미 다 지켜보고 있을 것입니다. 나날이 똘망똘망 달라져가는 민서를……. 그리고 앞으로도 지켜보게 될 것입니다. 혼자 힘으로 걷게 되고 뛰게 되고, 솔숲에서 온갖 장난을 일삼을 민서의 모습과 그 옆에서 조금씩 늙어 가는 엄마의 모습도…….

곡선으로 늙는 소나무들

하나님의 숲은 제게 많은 위로를 줍니다. 한때 저는 사람의 숲에서, 일의 숲에서, 글자의 숲에서 길을 잃었습니다. 길을 잃고 들여다보니 제 속엔 상처만 남아 있었습니다. 그 모든 것을 지켜보고 알았던 하나님은, 그래서 제게 가장 필요한 것을 주었습니다. 지금까지 살아온 날들을 조용히 되돌아보게 하고, 그 시간이 지닌 의미를 찾을 수 있게 만드는, 은유의 솔숲을 주신 것입니다. 그 숲에서 저는 예전의 허섭스레기 같은 기억들을 꺼내어 멀리 날려 보냅니다. 그런 날엔, 솔바람 소리는 때때로 파도 소리 같아서 먼먼 바다에 다다라 시름을 날려 버리는 것 같습니다.

우리 마을에 이사왔을 때 하나님의 숲은 금방 제 눈에 띄었습니다. 저 말고도 우리 마을을 찾은 사람들이라면 누구나 한 번쯤 하나님의 숲에 눈길을 던집니다. 겉모습만으로도 충분히 특별함을 갖고 있는 솔숲이기 때문입니다. 하지만, 한 번 거닐어 보고 떠난 사람들은 알지 못할 내밀한 기쁨을 저는 알고 있습니다.

하나님의 숲이 소중한 이유를 꼽아 보니, 그 첫 번째가 소나무들의 서 있는 모습입니다. 함께 어울려 정다운 듯, 혹은 얼마간의 거리를 두고 외로운 듯 서 있는 모습은 어찌 보면 사람 사는 모습과 많이 닮아 있습니다. 굴곡 많은 삶의 여정을 보여 주기라도 하듯 제각각 다른 곡선으로 늙은 소나무들. 그 그늘 아래 서면, 살아온 이야기가 굽이굽이 서러운 어떤 이의 얼굴이 떠오르기도 합니다. 또 '저렇게 곡선으로 늙어 편안해져야지', '솔숲같이 깊은 눈매를 가져 봐야지.' 하고 저의 훗날을 꿈꾸기도 합니다.

그런데 어떤 날은 좀 의심이 가곤 합니다. 소나무의 굴곡이 여느 때와 다르게 느껴질 때가 있기 때문입니다. 마치 편안히 이야기할 때 이쪽저쪽 모로 눕는 할배들처럼, 어떤 날은 늙은 소나무 할배들이 정말 몸을 뒤척이거나 모로 돌아눕기라도 한 것 같습니다. 워낙 기억을 잘 못하는 저이다 보니 정말 그런 일이 일어난다 해도 제대로 눈치도 못 챌 테지만…….

그러고 보니 소나무 할배들은 솔숲에만 있는 것이 아닙니다. 우리 마을에는 옛날 한옥을 새로 고친 집이 몇 있는데, 대개 들보 같은 뼈대는 그대로 두었습니다. 현대식으로 고친 집에 살림살이도 다 현대식, 그런데 옛것 그대로인 굵직한 소나무 들보를 보고 있노라면 묘한 느낌을 받습니다. 소나무 곁에 살던 사람들은 죽어 소나무 아래 묻히고, 사람 곁에 살던 소나무는 죽어 사람의 집으로 들어가 자자손손 살아가는 모습을 지켜보고 있는 것입니다.

후투티가 오는 숲

언뜻 봐서 한 가지 모습인 것 같지만 하나님의 숲은 여러 가지 모습을 지니고 있습니다. 안개 낀 날은 비밀스럽게 너울을 쓴 듯하고, 해질녘엔 예전의 열정을 추억하는 듯하고, 눈 올 땐 속죄하는 듯하고, 그믐밤엔 별들을 뿜어 올리는 듯하고, 보름밤엔 마실 가는 듯하고……. 그 가운데 제가 제일 좋아하는 모습은 비 온 뒤 갠 날의 모습입니다. 마치 울기를 마치고 싱겁게 웃어 버리는 친구 같은데, 속내를 다 들키고도 서로 손해 본 것 같지 않은 그런 느낌입니다.

하나님의 숲에는 새들도 깃듭니다. 작년 봄에 하나님은 후투티와 꾀꼬리, 쇠딱다구리를 선물로 보내 주었습니다. 날렵한 인디언 추장 같은 후투티가 솔숲과 우리 집 지붕 위를 날아다닐 때나, 예고도 없이 제 앞을 휘익 스치며 나를 때는, 마치 우리 집에서 기른 새인 양 자랑스러웠습니다. 하나님의 숲에 가득 서려 있는 은혜를 올해도 후투티와 함께 나눌 수 있을까요?

사뿐사뿐 조심스럽게 봄이 오는 이맘쯤, 예배를 드리고 집으로 돌아오는 길에 일부러 하나님의 숲을 거닐어 봅니다. 오늘따라 특별한 기운이 감돌고 있습니다. 큰 시련을 막 이겨 내고 새 희망을 찾은 사람의 기쁨 같은 것입니다. 그 다소곳한 기쁨이 내 영혼 속으로 스미어 들어옵니다. 이렇게 고요히 이렇게 향기롭게…….

자전거 선생님

요즘 저는 새삼스럽게 배움에 대해 생각하고 있습니다. 바로 자전거 때문입니다. 참 부끄러운 얘기지만 저는 서른다섯 살이나 먹도록 자전거를 배우지 못했습니다.

못 배운 핑계를 굳이 대자면, 지금까지 자전거를 타고 다닐 일이 없었습니다. 초등학교는 걸어 다녔고, 중고등학교는 집과 학교가 꽤 멀어서 버스를 타고 다녔습니다. 대학 때는 교문 바로 앞에서 살았으니 3분만 걸으면 되었습니다. 직장을 다닐 때는 지하철을 이용했습니다.

친정 식구 가운데 누구라도 자전거를 타는 사람이 있었다면 쉽게 배웠을 터이지만, 아버지도 어머니도 언니도 남동생도 자전거와는 거리가 먼 사람들입니다. 게다가 저는 몸을 놀리거나 기계를 다루는 일이 젬병인데, 몸과 기계를 한번에 다루어야 하는 자전거 타기는 누가 억지로 시켜도 하고 싶지 않은 일 가운데 하나였습니다.

물 찬 제비처럼

그런데 자전거를 멀리하면서도 아무렇지 않게 잘 살던 저에게 이제 더 이상은 피할 수 없는 때가 온 것 같습니다. 민서를 어린이집에 보내고 나니 혼자 면소재지를 나갈 일이 자주 생기게 되었습니다. 부업 삼아 하는 일도 면소재지에 나가서 해야 하고, 농협에서 돈을 찾거나 물건을 살 일도 생기게 되었습니다. 얼마 전만 해도 은행을 가거나 물건을 살 일이 생기면 일일이 적어 두었다가 세 식구가 나들이 삼아 다녀오곤 했는데, 이젠 저 혼자서도 해볼 만한 일이 되었습니다.

그런데 면소재지로 나가는 버스가 자주 있지 않아서 버스가 없는 시간에는 한 40분을 하릴없이 걸어야만 합니다. 운동 삼아 걸으면 못 걸을 거리도 아닌데, 시간이 아깝다는 생각이 들었습니다. 농번기가 되면 시간을 함부로 쓰는 것도 죄송한 일이기 때문입니다.

작은 오토바이를 타 볼까 잠깐 생각해 보기도 했으나 우리 형편에 덥석 살 만한 것이 못되고, 또 얼마 전에 집사님 한 분이 사고를 당한 일이 있어서 그나마 내키지도 않습니다. 마침 목사님이 도시에서 얻어 온 중고 자전거 한 대를 거저 주었기에 더 망설일 필요 없이 자전거를 배우기로 했습니다.

제가 자전거를 배워야겠다고 말했을 때, 민서아빠는 중학교 때 쉬는 시간 10분 만에 배웠노라며 마치 무용담을 늘어놓듯

으쓱해 했습니다. 교회 사모님은 지난해에 배웠는데, 하루 꼬박 연습했더니 탈만 하더라고 했습니다.

'그렇다면 나는 일주일쯤 걸리겠구나.'

제 계산은 그랬습니다. 인심 넉넉하게 써서 일주일을 잡았습니다. 일주일 후면 물 찬 제비처럼 봄이 퍼져가는 저 들녘을 달리리라, 가슴이 부풀었습니다.

그런데 한 달이 다 되어가건만 저는 마음먹기 전과 별로 달라진 것이 없습니다. "자전거, 자전거……" 하며 무슨 화두처럼 핸들을 붙들고 끙끙거리고 있습니다. 그도 그럴 것이 연습 첫날, 40분쯤 타 본 것이 제대로 된 연습의 전부입니다. 민서아빠가 뒤에서 자전거를 붙잡아 주어 타는 흉내를 내어 보았으나, 제 몸에 비해 큰 자전거를 부리는 일이 쉬운 일이 아니었습니다.

한 30분 진땀을 흘리고 나서, 민서아빠가 내린 결론.

"중심 잡기부터 다시 하자."

그러니까 저는 무게 중심 잡는 일이 전혀 되지 않았던 것입니다. 자전거에 올라타지 않고 한쪽 발만 페달에 올린 채 몸을 곧추세워 핸들을 부리는 연습부터 다시 하게 되었습니다. 된다 싶다가도 민서아빠가 손만 놓으면 그대로 고꾸라지고 마니……. 그나마 겨우 중심 잡기에 대한 감이 올락 말락 할 즈음, 연습은 끝이 났습니다. 중심 잡기가 안 되면 아무것도 안 되니 그것부터 혼자 연습하라며 그 뒤로 민서아빠는 저를 내버려 두고 있습니다. 그 덕에 저는 마음으로만, 눈으로만 자전거 연습을 하고 있습니다.

삶을 다시 가르쳐 주는 선생님

일이 이렇게 되고 보니 눈에 자전거 탄 사람밖에 안 보입니다. 가냘픈 6학년 선미가 날렵하게 자전거를 타는 모습을 보면 감탄이 절로 나옵니다. 3학년 한별이가 바지런하게 다리를 놀려가며 타는 것만 보아도 부럽습니다. 화신슈퍼 아저씨의 낡은 자전거가 느릿느릿하게 다니는 폼은 여유 있어 보입니다. 내 앞에서 갈지자로 요리조리 까부는 민서아빠의 자전거는 얄밉기도 합니다.

5학년 인혁이가 저에게 하는 인사는 "안녕하세요?"에서 다른 것으로 바뀐 지 오래입니다.

"자전거 아직 못 타시죠?"

그 인사가 "어? 좀 하시네요"로 바뀔 날이 언제가 될지 모르겠습니다.

보다 못한 목사님이 제 몸에 맞는 작은 자전거를 연습용으로 빌려 주며 말했습니다.

"동욱이 할머니 보세요. 타지도 못하는 자전거를 용감하게 밀고만 다니시더니 어느 날 갑자기 타고 다니시잖아요. 그냥 무조건 밀고 다니세요."

목사님의 마음까지 안쓰럽게 만들어 버렸으니 기필코 타기는 타야 할 것인데, 참 아득합니다.

아무리 운동신경이 없기로서니, 태어나면서부터 아예 없진 않았을 터인데, 그 감각을 어디에 다 잃어버렸는지 모르겠습니다. 자전거도 안 배우고 도대체 무엇에 정신을 팔며 살아온 것인지……. 정작 배워야 할 것은 뒷전이고 배우지 않아도 되는 것을 배우느라 좋은 날들을 다 써버린 것은 아닌지 모르겠습니다.

하기야 생각해 보면 잃어버린 것이 어디 몸의 균형뿐이겠습니까? 마음의 균형도 잃기 일쑤입니다. 그래서 왼쪽으로도 오른쪽으로도 치우치지 말라는 성경 말씀이 요즘 더 절실하게 와 닿습니다.

우리 마을에서 살다 보니 학교에서 배운 것들보다 어른들한테서 배우는 것이 더 많습니다. 학교에서 배운 것이 다 헛되다고 말할 수는 없겠지만, 결국은 잊어버리기 위해 그 많은 것들을 잘도 외고 다녔다는 생각이 듭니다. 때로는 남을 제치고 내가 올라서는 법과 같은, 잊어버리는 데에도 어지간히 시간을 들여야 하는 것들까지 잔뜩 배워 버렸다는 생각도 듭니다.

그래도 칠십 평생을 반으로 뚝 잘라, 그 나머지 시간이나마 정신 차려 다시 배우며 살고 있으니 얼마나 다행인지 모르겠습니다. 살림살이 지혜가 가득한 마을의 아주머니들이, 어린아이의 몸으로 되돌아 온 할머니들이 저에게는 삶을 다시 가르쳐 주는 선생님이 됩니다.

또 이렇게 생각지 않게 자전거도 선생님이 되어 줍니다. 자전거 덕에 중심을 잘 잡으며 사는 것이 얼마나 소중한 일인지 배우게 되었으니…….

지구 위에 바퀴 두 개

길마다 꽃비가 내립니다. 꽃은 허공에만 피는 것이 아니어서, 즈려밟는 두 발 아래도 하얀 꽃잎들이 분분합니다. 두 발이 아니라 두 바퀴로 하얀 꽃잎을 즈려밟을 날이 오기를 꿈꾸었지만, 뭐 이 봄에 그렇게까지 되진 않아도 서운하지 않겠습니다. 요전 날 자전거 대신 경운기로 꽃비를 흠뻑 맞았으니…….

경운기가 없는 우리에게 마을의 이씨 아저씨가 부릴 사람 없는 경운기를 쓰도록 해주었습니다. 낡은 경운기를 고쳐서 돌아오는 길에 부러 꽃길로 들어섰습니다. 탈탈탈탈 장단이 좋아서, 몇 천만 원하는 승용차도 부럽지 않았고 조명 번쩍이는 관광버스도 부럽지 않았습니다. 벚나무 아래 애기똥풀과 꽃다지와도 눈을 마주칠 만하니, 경운기의 빠르기는 나무랄 데 없이 봄에 어울립니다. 살풋살풋 스치는 꽃향기가 좋아서, 이 평화가 가슴 저리도록 감사해서 저는 또 느긋해지고 맙니다.

'자전거야 때 되면 타겠지. 올해 안에는 타겠지. 민서가 학교 가기 전에는 타겠지.'

누가 압니까? 생각보다 빨리 내년 봄에는 자전거를 탄 채 꽃구름 속으로 들어갈 수 있을지…….

지구 위에 바퀴 두 개, 그 위에 제 몸을 올리는 일이 쉽지 않습니다. 그래도 고맙고 좋습니다. 제 평생 배우지 못하고 살 뻔한 자전거를 배우기 시작했으니…….

나의 노래

친정아버지는 흔히 말하는 '도롯도'를 잘 들으십니다. 친정 안방에는 남인수도 있고, 나훈아도 있고, 문주란도 있고, 이미자도 있습니다. 중고등학교 시절, 서양의 클래식 음악이나 영화음악에 제 귀가 열리고 조용필에 열광해 있을 즈음, 친정아버지의 도롯도는 제게 참 괴로운 노래였습니다. 집 안이 다 울리도록 크게 틀어 놓던 아버지의 노래. 그 노래가 그리워지리라곤 생각지도 않았습니다.

아버지와 딸의 이미자

경찰 공무원이었던 친정아버지는 정년퇴임을 하고 나서야 승용차를 샀습니다. 당연히 그 차 안에 늘상 맴도는 노래도 도롯도입니다. 그리고 그 노래들 가운데 이미자가 있습니다. 그 이미자는 당신이 직접 골라 산 것이 아닙니다. 경상도 남쪽 끝 바닷가에서 충청도 서쪽 끝 바닷가로 시집을 간 딸의 신접살림을 보기 위해 오셨을 때, 살림살이를 구경하다 맘에 든다며 가져간 것입니다. 아버지의 취향과는 전혀 다른 노래들만 꽂혀 있는 데서, 어떻게 이미자를 찾아내었는지 좀 놀랍긴 합니다만, 아마 아버지는 딸이 잘 듣지 않는 노래일거라 생각하고 가지겠다고 했을 것입니다.

그 이미자는 제가 서울에서 직장을 다니면서 즐겨 듣던 것이었습니다. 스물여덟 살, 스물아홉 살 즈음, 다시 말해 처리해야 할 직장의 일이 한창 쌓여 갈 때에, 사람들 틈에서 손해 보지 않고 약해 보이지 않고 살아나가는 방법을 익힐 때쯤에 자주 듣던 노래였습니다.

넓은 세상에서 공부하고 삶을 배우리라 마음먹고 떠나올 땐, 고향 같은 것은 별로 그립지 않을 것이라고 생각했습니다. 당연히 고향에서 듣던 노래도 다 잊어버린 줄 알았습니다. 그런데 도시에서 세련된 노래를 들을수록 옛 노래들이 다시 들려오기 시작했습니다. 제겐 그런 식으로 고향이 그리워지기 시작한 것입니다.

모르긴 해도 이미자만큼 항구나 섬, 바닷가 노래를 많이 부른 가수는 없을 것입니다. 먼먼 남녘의 한적한 바닷가 마을, 쓸쓸한 섬 마을, 동백꽃, 떠나간 사람들, 늙으신 어머니……. 제게 다가온 이미자는 그런 풍경이었습니다.

딸이 준 이미자를 한껏 크게 틀어 놓고 마당가에서 차를 닦던 친정아버지 모습이 새삼스레 떠오릅니다. 새소리밖에 들리지 않는 시골 마을이라 옆집에서 놀라지 않을까 조마조마했지만, 아버지와 딸의 이미자가 봄 햇살 속으로 화창하게 울려 퍼졌던, 그런대로 괜찮은 날이었습니다.

이미자는 홍성으로 오기 전까지 사람들 앞에서 곧잘 부르던 노래였습니다. 〈섬 마을 선생님〉은 그 가운데서도 제일 잘 부르던 노래였습니다. '해당화 피고 지는 섬 마을'에 살면서 '그리움이 별처럼 쌓이는 바닷가에 시름을 달래 보는' 시골 학교 선생님을 남편으로 두고 싶었습니다. 그 꿈은 이루어지는가 싶더니 끝내 이루어지지 않았습니다. 그래서인지 지금은 그 노래도 잘 부르지 않게 되었습니다.

또박또박 슬픔을

가만가만 생각해 보면 살아가는 공간이 변하거나, 붙들고 있던 생각들이 조금씩 달라질 때마다, 제 곁에 머물다간 노래도 달랐습니다. 한때 제 주위엔 김광석을 듣는 이들이 많았습니다. 단지 그의 노래를 듣기 위해, 밤이 이슥한데도 휴대용 오디오에 건전지를 물려 한강 둔치로 나가기도 했습니다. 그런 김광석을 두어 달 전에 라디오에서 우연히 듣게 되었습니다. 창밖이 참 심심한 날이었는데, 하릴없이 8년 전의 저를 만나고 있었습니다.

스물여섯 즈음에 제가 보던 세상은 그 어느 것도 뚜렷하지 않은 '흐린 가을 하늘'이었습니다. 빨리 늙어 모든 것들로부터 편해졌으면 좋겠다고 생각할 정도로, 아무것도 정해지지 않은 젊음이 거추장스러웠습니다. 바로 그맘때 아, 하고 가슴속으로 파고들던 노래가 김광석이었습니다. 그 어느 소절도 함부로 흘려들을 수 없을 정도로 그때의 저를 아프게 했던 노래였습니다. 또박또박 그렇게 슬픔을 잘 노래하는 가수는 그 뒤로도 찾지 못했습니다.

그때 김광석을 듣던 저는 미처 생각지 못했을 것입니다. 서른네 살이 되어 김광석을 다시 듣게 될 때, 전혀 다른 사람들의 곁에서 조금은 수월하게 들을 수 있으리라는 걸……. 김광석을 함께 듣던 그 사람들은 지금 어디에서 무엇하며 사는지 모르겠습니다. 저 또한 그날의 한강 둔치에서 너무 멀리 너무 많이 와 버리고 말았습니다.

이미 내게서 떠나간 노래를 되짚어 그리워하는 것도 나쁘진 않지만, 이미 지나 버린 시절을 아쉬워하거나 옛날의 감정에 매달리고 싶은 마음은 없습니다. 지금은 지금 부르는 노래가 있기 때문입니다. 김광석이나 이미자, 간간이 부르던 푸른 하늘이나 심수봉이 아니어도, 저는 지금 부르는 '나의 노래'에 만족하고 있습니다. 바로 민서를 위해 부르는 동요입니다.

민서는 엄마의 노래를 무심코 듣겠지만, 그 노래 속에는 엄마가 잃어버린 갈피갈피의 옛 일상과 접어 버린 꿈과 다시 꾸는 꿈이 녹아들어 있습니다. 지금 부르는 나의 노래들은 그 복잡한 마음의 무늬를 아주 간단한 가락에 다 실을 수 있어서 좋습니다.

오늘 밤 난 그림일기에 엄마 얼굴 그려 봅니다.
나를 위해 애쓰시는 엄마의 예쁜 얼굴을
사랑해요 우리 엄마 사랑해요 우리 엄마 사랑합니다.

민서가 말을 배우면 저를 위해 불러 줄 노래입니다. 아니, 민서만 한 저를 키우던 젊었을 적 우리 엄마, 그 엄마 앞에서 한 번도 불러 보지 못했던 노래입니다. 그 노래를 이 세상에 태어나 스무 달을 산 민서 앞에서 부릅니다. 어떤 땐 민서의 웃는 얼굴을 보기 위해, 몇 번 안 되는 박수를 받기 위해 춤까지 춥니다. 그럴듯한 조명이 없어도, 구경꾼이 단 한 명이어도 신나게 부릅니다. 부끄럽지 않습니다. 열어 둔 방문으로 숲을 스쳐 온 솔바람이 들어와 듣는다 해도, 팔랑팔랑 날아가던 노랑나비가 들여다보고 깔깔 비웃는다고 해도…….

존재를 기울여 부르는 노래들

들판에도 노래가 가득합니다. 냉이는 냉이대로, 꽃다지는 꽃다지대로, 진달래는 진달래대로. 하얗게 노랗게 불긋하게, 만물이 자신의 존재를 다 기울여 이 봄을 노래합니다. 저 또한 뭇 생명들과 한데 어울려 제게 허락된 목소리로 노래를 부릅니다. 그 노래, 들리는 사람 있나요?

미안하다, 일순아

지난 설에 친정에 다녀왔습니다. 스무 살에 고향을 떠났으니, 긴긴 귀성 행렬에 섞여 설을 쇠러 오간 것도 열댓 번 되는 셈입니다. 고향을 떠난 지 얼마 되지 않았을 때에는 연휴 동안에 보고 싶은 친구들도 더러 만나곤 했는데, 하나둘 결혼을 한 뒤로는 그나마 전화 연락도 하지 않게 되었습니다. 그래도 고향 가는 차 안에서 그리운 얼굴을 하나둘 떠올리는 일은 잊어버리지 않았습니다.

그런데 올 설에는 으레 떠올리던 친구들 말고 그동안 잊어 버렸던, 정말 까마득히 잊어버렸던 한 얼굴이 떠올랐습니다. 6학년 때 같은 반이었지만, 초등학교를 졸업한 뒤로는 한 번도 본 적 없고 소식도 들은 적 없는 일순이가 자꾸만 떠올랐습니다.

찬송가를 부르던 일순이

일순이는 제 뒷자리에 앉았습니다. 저보다 한 살이 많다고 했지만, 어쩌면 그보다 더 많았을 수도 있습니다. 6학년 치고는 몸집이 많이 컸고, 평소 말하는 투도 어린이답지 않은 데가 있었습니다.

일순이의 집은 보육원이었습니다. 일순이와 함께 도시락을 먹은 기억이 없는 걸로 봐서는 도시락을 싸오지 못했던 것 같습니다. 일순이의 짝이 양계장집 딸인 주영이여서 제가 많이 부러워했던 것은 정확히 기억이 납니다. 우리 집 사정으로는 일주일에 계란 프라이 하나를 먹을까 말까했습니다. 그것도 프라이의 반은 언니 도시락으로 가야 하는 형편이었습니다. 그런데 주영이는 거의 매일이다시피 계란 프라이를 해왔고, 그것도 서너 개씩 해왔습니다. 제가 뒤로 돌아앉아 주영이와 도시락을 먹었으니, 별일이 없는 한 일순이와도 함께 먹었을 것입니다. 그런데 일순이의 도시락이 어떠했는지 전혀 기억나지 않습니다. 가끔 보육원에서 준 보름달 빵 봉지를 들고 있었던 것도 같고, 이런 말을 했던 것도 어렴풋이 기억이 납니다.

"나는 배 안 고프다. 점심 먹으면 배가 아프다."

일순이는 쉬는 시간이면 찬송가를 잘 불렀습니다. "죄 짐 맡은 우리 구주 어찌 좋은 친군지……." 6학년짜리가 '세상 근심 무거운 짐'을 정말로 벗어 버리고 싶은 것처럼 처량하게, 혹은 이미 그 무거운 짐을 벗어 버린 듯 평화롭게 부르기도 했습니다. 저뿐 아니라 친구들은 찬송가를 부르는 일순이에 대해 아무도 관심을 갖지 않았습니다. 초등학교 때 관심을 받는 아이들은 공부를 잘하거나, 깨끗한 옷을 입고 오거나 예쁘거나, 피아노를 잘 치거나 발레를 배우거나, 아니면 웃기는 소리를 잘하는 아이들이었지, 세상을 달관한 듯한 아이가 아니었습니다.

한번은 제가 일순이 흉내를 낸 적이 있습니다. 간혹 공부 시간에도 일순이는 찬송가를 흥얼거렸는데, 선생님께서 달리 나무란 적이 없기 때문에 저도 덩달아 동요 하나를 흥얼거렸습니다. 그런데, 그 시간이 마침 자습 시간이어서 모두들 심심해 하던 참이라, 선생님이 저를 불러냈습니다. 앉아서 흥얼거리지 말고 나와서 크게 부르라고 했습니다. 선생님은 심심함을 달래기 위해 그렇게 시킨 것뿐인데, 정작 화를 내고 노래를 하지 않겠다고 버틴 쪽은 저였습니다. 왜 일순이는 되는데 저는 안 되느냐고 따졌고 그건 차별이라고 대들었습니다. 그 대꾸에 선생님은 눈치 없고 고집 센 저를 때렸습니다. 그럴수록 저는 더 억울했고 부르지 않겠다고 끝까지 버텼습니다. 아무리 생각해도 그날의 벌은 억울했습니다. 매가 아니라 선생님의 슬리퍼로 맞았기 때문에 더 오래 기억에 남았습니다.

지금 생각해 보니 그렇게 호되게 맞았으니, 얼마나 다행인가 하는 생각이 듭니다. 매 때문에 일순이를 영영 잊어버리지 않고 기억할 수 있으니 말입니다. 뽀빠이 이상용 아저씨가 보육원을 찾아와 손을 잡아 준 것이 딱 하나 자랑이었던 일순이……

지금은 어디에서 어떻게 살고 있는지, 설이 되면 함께 모일 식구라도 생겼는지, 생일이면 미역국을 끓여 줄 가족을 만났는지 정말 궁금합니다.

어린 안내양

미안하다는 말을 해주고 싶은 사람이 한 명 더 있습니다. 이름도 모르고 얼굴도 딱 한 번 보고 지나친 사람이지만, 그 미안함은 제 가슴에 오래도록 남아 있을 것 같습니다.

고등학교 2학년 때였습니다. 야간 자율학습을 마치고 집에 돌아갈 때였으니, 밤 열 시가 넘은 시각이었습니다. 제 친구 영화는 아버지가 시내버스 회사에서 일했기 때문에 작은 증명서 하나만 보이면 버스를 공짜로 탈 수 있었습니다. 다른 도시에는 이미 없어진 시내버스 안내양이 그때만 해도 통영에는 아직 남아 있을 때라서, 안내양에게 그 증명서를 보여 주면 되었습니다. 그런데, 외지 사투리를 쓰는 데다 신참 같아 보이던 그 안내양은 증명서가 무엇인지 모르는 모양이었습니다. 자꾸만 차비를 내라고, 그런 증명서에 대해 회사에서 들은 적이 없다고 대답했습니다. 난처한 표정을 짓는 영화를 보다가 버럭 큰 소리를 지른 사람은 저였습니다.

"그것도 모르면서 안내양을 하냐!"

제가 비아냥거리자, 그 안내양의 입에서도 듣기 거북한 말들이 가득 튀어나왔습니다. 도저히 참을 수 없어서 저는 저대로 더 큰 소리로 대들었습니다. 그때 운전기사 아저씨가 안내양을 나무랐습니다. 운전기사 아저씨의 한마디에 안내양은 더 이상 아무 말도 하지 않았고, 저는 저대로 의로운 일을 한 것 같아 우쭐했습니다.

집까지 꽤 먼 거리였지만, 저와 영화는 다른 이야기에 정신이 팔려 안내양을 다시 쳐다볼 겨를이 없었습니다. 그런데, 버스에서 내리려 안내양 앞으로 다가섰을 때 안내양의 눈이 붉게 젖어 있는 것을 보았습니다.

그제야 알아차렸습니다. 안내양이 우리 또래라는 것을……. 부모 잘 만나 늦은 시간까지 학교에서 공부를 할 수 있었던 저와, 그 시간까지 덜컹대는 버스에 선 채로 손님들의 동전을 받고 말싸움에 실랑이에 하루하루 힘든 날들을 버티고 있었을 안내양…….

안내양을 향한 미안한 마음은 하루 이틀 지나자 이내 제 기억에서 사라지고 말았습니다. 대학에 다닐 때, 압구정동에 있는 직장에 다닐 때, 단 한 번도 저는 누군가에게 잘못을 빌 일이 있음을 떠올리지 못했습니다.

사람은 열 번 된다

초등학교 때 저는 도시락을 싸오지 못하는 친구에게 자기

도시락을 나눠 주었다는 그 흔한 이야기의 주인공도 되지 못한 사람이었습니다. 도시락을 못 먹는 그 시간에 일순이가 어디에 나가 있었는지 관심도 없었을뿐더러, 일순이가 중학교에 가지 못하는 대신 무슨 일을 해야 하는지 궁금해 하지도 않았습니다. 선생님에게 차별이라고 대들 정도로 자신만 아는 고집쟁이였습니다.

철없던 초등학교 시절뿐이겠습니까? 지금도 약한 이웃에게 상처가 될 만한 말을 퍼붓고도 아무렇지 않게 살고 있고, 그런 자신을 알고 후회하면서도 같은 일을 되풀이하며 살고 있습니다. 하나님께서 제가 대학생이었을 때, 직장인이었을 때, 두 사람을 떠올리게 하였더라면 그건 헛된 기억이 될 게 뻔했습니다. 그걸 알았기에 이렇게 긴 시간이 흐르고 나서야 제게 두 사람에 대한 기억을 돌려주었습니다. 그리고 마음 깊은 곳에서 미안함을 갖게 하였습니다.

고전 문학과 맹자를 가르쳐 주던 한 선생님은 "사람은 열 번 된다"고 하였습니다. 저는 지금 몇 번째에 와 있는지……. 일순이의 마음을 헤아리는 데 이십 년이 넘게 걸린, 이 무디고 무딘 영혼도 용서를 빌 기회가 온다면 꼭 말하고 싶습니다. 미안했다고 철없던 나를 용서하라고……. 어디선가 애기 엄마가 되어 있을 그 안내양에게도 꼭 말하고 싶습니다. 나밖에 몰랐던 못난이를 용서하라고…….

그 섬에 가고 싶다

결혼하고 나서 처음으로 단풍놀이를 갔습니다. 교회 어르신들과 함께, 민서도 데리고 대둔산에 갔습니다. 그런데 대둔산에 가 본 사람은 알겠지만, 여느 산처럼 등산화 신고 신나게 걸을 만한 산이 아니었습니다. 우선 케이블카를 타야 했고 구름다리와 철 계단을 건너야 하는, 저 같은 사람에겐 좀 뜻밖의 산이었습니다.

케이블카 속에서도 벌벌 떠는 저를 보고 목사님은 '좀 심한 고소공포증'을 가지고 있다고 진단을 내렸습니다. 그 정도이니 구름다리고 철 계단이고 올라갈 엄두를 못 내었습니다. 민서는 혼자 걸어서, 또 아빠한테 안겨서, 보기만 해도 아찔한 구름다리를 건넜고, 업힌 채로 철 계단을 올랐습니다. 나중에 철 계단에서 찍은 사진을 보고 심약한 저는 한 번 더 가슴을 쓸어내렸는데, 그래도 저에게 없는 용맹을 아빠와 아들이 대신 빛내 주어 자랑스러웠습니다.

고소공포증

제게 고소공포증이 있다는 사실은 스물여섯 살쯤에야 알았습니다. 함께 문학을 공부하던 이들과 북한산에 올랐는데, 백운대 꼭대기 바위만 있는 곳에서 두 다리가 제 생각과 따로 노는 것을 알게 되었습니다.

고칠 수 없는 이 병이 생기게 된 원인을 더듬어 가자면 한 삼십 년쯤 거슬러 올라가야 합니다. 경찰 공무원이던 친정아버지는 그 무렵 두미도라는 작은 섬의 지서에서 일했고, 우리 식구는 지서에 붙어 있는 살림집에서 살았습니다. 통영에서 쾌속정을 타고 사오십 분 정도 가면 욕지도라는 조금 큰 섬이 나오는데, 그 섬에 딸린 섬이 두미도입니다. 지금은 뱃길이 좋아져서 사오십 분이지, 그 전엔 두세 시간이 걸려야 겨우 닿을 수 있었고, 또 선창에 배를 바로 대지 못해 바다 한가운데서 작은 배로 갈아타야 섬에 오를 수 있었습니다.

이 작은 섬에서 살았던 기억을 잊어버리지 않은 것은, 카메라를 좋아한 아버지 덕분입니다. 섬에서 찍은 몇 장의 사진을 보며 소소한 기억을 자주 떠올렸기에 숱한 세월 속에서도 잊히지 않는 추억을 간직할 수 있었습니다. 또 하나, 중학교 2학년 때 이 섬에 대한 이야기를 글감으로 하여 글짓기 숙제를 해내었습니다. 그런데 태어나 처음으로 국어 선생님께 칭찬을 받았고 그 일로 문예반에 들어가 글쓰기 공부를 하게 되었습니다.

어쨌거나 제게는 기억할 수 있는 한 가장 어린 시절의 추억을 만든 장소이기도 하고, 또 고칠 수 없는 고소공포증을 만들어 준 섬이기도 합니다.

고소공포증은 지서 앞 다리에서 떨어져 놀란 충격으로 생겨난 듯합니다. 지서는 마을에 하나밖에 없는 양옥집이었고 마당과 계단이 시멘트로 포장되어 있었습니다. 지서에서 계단을 내려오면 바로 앞에 바다로 흐르는 개울이 있었고, 그 개울에 다리가 놓여 있었는데, 난간이 없는 시멘트 다리였습니다. 친정어머니 말로는 하루는 제가 보이지 않아 이리저리 찾았는데, 그 다리 아래 바위에 우두커니 앉아 있었다고 합니다. 가까이 가 보니 머리에서 피가 나는데, 저는 울지도 않았다고 합니다. 용감해서가 아니라 너무 놀라 우는 것도 잊어버린 것입니다. 중학생이었을 때 어머니 무릎을 베고 누우면, 제 머리카락을 뒤적이던 어머니는 그때의 상처가 아직도 남았다며 그때 이야기를 꺼내시곤 했습니다.

가짜 초등학생

섬에는 초등학교 분교가 있었습니다. 일곱 살이었던 저는 법에 맞는 절차를 밟아 입학한 것이 아니라, 유치원이 없는 곳이니 재미 삼아 놀기나 하라고 입학 아닌 입학을 할 수 있었습니다. 학생 수나 교실의 모습은 전혀 생각나지 않습니다. 다만 교실에서 바라보면 바다가 바로 내려다보였다는 것과, 학교 가는 길에 아까시나무가 터널을 이룰 정도로 울창했다는 것이 기억납니다.

가장 또렷하게 남아 있는 기억은 급식으로 주던 빵입니다. 겉은 갈색으로 좀 딱딱한 편이고 속은 부드러웠으며 크기는 어른 얼굴만 한 빵이었습니다. 진짜 그만했는지는 모르겠지만, 어린 저에게는 세상에서 제일 크고 구수한 냄새를 가진 빵이었습니다. 급식 시간이면 교실에 퍼지던 빵 냄새를 어찌나 좋아했던지, 저는 지금까지도 그 냄새보다 더 좋은 빵 냄새는 없다고 자신 있게 말할 수 있습니다. 홍역을 앓아 며칠 누워 있는 동안에도 온통 빵 생각만 하였습니다. 움직일 만해지자 바로 학교로 달려갔는데, 선생님은 빵 때문에 학교에 나온 줄도 모르고 기특하다며 칭찬해 주었습니다.

비록 나이는 한 살 어렸지만, 가짜 학생치고는 공부를 좀 했던 모양입니다. 아버지는 제가 뭍에 올라와 법에 맞는 초등학생이 되었을 때, 제 공부 실력은 이미 섬에서부터 인정받은 것이라고 말했습니다. 한 사람, 무선국장님 딸을 빼놓고서…….
섬에는 딱 한 대의 전화가 있었는데, 그것으로 뭍에 연락도 하고 섬끼리 소식도 전할 수 있었습니다. 전화는 하루에 한 번 정해진 시간에만 쓸 수 있었습니다. 그 전화를 관리했던 무선국장님에게 저와 또래인 딸이 있었는데, 늘 그 아이가 1등이었고 저는 2등이었습니다. 아버지는 바닷가 자갈밭에 그 아이와 저를 앉히고 서로의 다리를 가지런히 붙이게 하시고는 사진을 찍어 주었습니다.

그러고 보니 그 아이를 이겼던 적이 딱 한 번 있습니다. 섬에서 제일 높은 곳에 예배당이 있었는데, 목사님은 안 계시고 다리가 불편한 전도사님만 있었습니다. 어린이 예배가 끝나면, 전도사님은 매주 외워야 할 성경 구절을 종이에 적어 도르르 말아 한 사람씩 손에 쥐어 주곤 했습니다. 한번은 그 종이를 나눠 주면서 새벽 기도에 나오는 사람은 상을 준다고 하였습니다. 나올 수 있는 사람은 손을 들라고 하였는데, 무선국장님 딸이 손을 들었습니다. 그래서 저도 들었고, 서로 꼭 나오기로 약속하였습니다. 약속대로 저는 새벽 기도에 나갔습니다. 어머니를 졸라 깨워 달라고 해서 갔을 것입니다. 의자도 없이 마룻바닥에 앉아 예배를 드리던 예배당이었는데, 어둑어둑한 예배당에 어른 한두 분이 기도를 하고 있었고 무선국장님 딸은 오지 않았습니다. 그 아이를 기다린 것까지는 기억이 나는데, 그 다음은 어머니의 이야기로 대신할 수밖에 없습니다. 앉은 채로 잠이 들어 버려 누군가 그 새벽에 저를 업고 내려왔으며, 나중에 상으로 빨랫비누 한 장을 받았다고 하였습니다. 무선국장님 딸도 이기고 상도 받았는데, 정작 하나님은 어떤 눈으로 어린 저를 내려다보고 계셨을지…….

학교에서 돌아오면 지서 바로 옆에 있는 고등공민학교에서 놀았습니다. 언니 오빠들이 교실로 데리고 가서 빈자리에 앉혀 주었습니다. 그이들이 공부하는 동안에 저는 옆에서 연필을 깎아 주었습니다. 공민학교도 바다를 바라보고 있었고 교실 앞에 커다란 벚나무가 있었습니다. 봄이면 분홍 꽃잎들이 꽃보라가 되어 지서까지 분분히 날아다녔습니다.

섬에는 벚꽃도 있었지만 동백꽃이 더 많았습니다. 지서 뒤에 제법 큰 동백나무 숲이 있어서, 그 그늘에서 떨어진 꽃을 줍거나 소꿉놀이를 하며 놀았습니다. 대합이나 빨간 가리비 같은 큰 조개껍데기를 그릇 삼았고, 깨어진 기왓장을 갈아 고춧가루를 만들었으며, 이름 모를 풀과 꽃으로 갖은 반찬을 만들어 밥상을 차렸습니다. 떨어진 동백꽃은 여느 꽃들과는 달리 시들지 않고 깨끗한 모습 그대로여서 새끼줄에 꿰어 꽃목걸이를 만들었습니다. 하와이 섬의 여자들이 목에 잘 거는 꽃목걸이 같은 모양이었습니다. 또 마을 샘터 옆에는 짙은 주황색 나리가 피기도 해서 구경 삼아 보러 다니곤 했습니다.

꽃도 없고 마땅히 갖고 놀 열매도 없는 심심한 날엔 지서 앞 바닷가로 내려갔습니다. 바닷가라 해도 모래는 거의 없고, 통영 사람들이 몽돌이라고 부르는 매끌매끌하고 까만 조약돌만 있는 돌밭이었는데, 조금 큰 조약돌을 들추면 제법 큰 물고기들이 파닥거리며 도망갈 곳을 찾곤 하였습니다. 이름도 모르는 물고기를 쫓으며 굴을 깨먹으며 고둥을 잡으며 한나절을 그렇게 놀았습니다.

지서에는 커다란 개 두 마리가 있었는데, 지금으로 치면 공익요원들인 보충병들이 판돌이와 말순이라 이름을 지었습니다. 섬사람들처럼 외로운지 판돌이와 말순이도 사람들과 잘 어울렸고 아이들과도 잘 놀아 주었습니다.

백 원짜리 장난감

얌전해서 부모님에게 별다른 야단을 맞지 않고 자란 저였지만, 한번은 정말 무섭게 야단을 맞은 적이 있습니다. 지서에 손님이 온 날이었습니다. 손님이 예쁘다며 저에게 돈 천 원을 쥐어 주었습니다. 부모님은 손님과 얘기를 계속하고 있었으므로 저는 별 망설임 없이 마을에 딱 하나 있는 구판장으로 갔습니다. 그동안 정말 갖고 싶던 장난감을 고를 수 있는 기회였습니다. 흔들면 딸랑딸랑 소리가 나는 플라스틱 장난감 전화기, 좀 더 정확히 말하자면 수화기였습니다. 그때만 해도 전화기가 귀했고, 또 늘 조개껍데기와 조약돌만 갖고 놀았으므로, 매끈한 플라스틱으로 된 초록색의 그 수화기가 꼭 갖고 싶었습니다.

백 원을 주고 장난감 수화기를 샀습니다. 얼마나 기쁜지 과자는 눈에 보이지도 않았습니다. 남은 구백 원과 수화기를 들고 행복하게 집으로 돌아왔는데, 저는 그날 태어나 처음으로 어머니한테 모진 매를 맞아야 했습니다. 그리고 배웠습니다. 저 같은 어린아이에게 천 원은 아주 큰돈이고 백 원도 함부로 써서는 안 된다는 것을, 그리고 손님이 주고 간 돈은 반드시 저금해야 한다는 사실을……. 그 간단한 사실을 배우는 데 그토록 많은 매를 맞고 눈물을 흘려야 한다는 것이 좀 억울하긴 했지만 말입니다.

섬에는 전기가 들어오지 않아 호롱불을 쓰고 살았습니다. 겨울날 으스름한 호롱불 아래서 물메기 말린 것을 뜯어 먹었는데, 북어보다 훨씬 고소한 맛이 있었습니다. 꾸덕꾸덕 말린 물메기를 북어 두드리듯이 방망이로 두드려, 장작불에 살짝 구운 다음 찢어서 초고추장에 찍어 먹었는데, 긴긴 겨울밤에 그처럼 맛있는 주전부리는 없었습니다.

지금처럼 찬바람이 불 때쯤 섬의 선창에는 매일같이 물메기 더미가 산을 이루었습니다. 물컹물컹한 물메기가 선창에 철퍼덕철퍼덕 그대로 쌓였고, 물메기 알은 아이들에게 좋은 간식이 되었습니다. 날것을 그대로 씹으면 짭조름한 맛에 오도독오도독 소리가 났습니다. 살짝 데쳐서도 먹었는데, 그렇게 하면 알은 하얗게 변하고 좀 더 질긴 맛이 있었습니다. 집집마다 알과 아가미로 젓갈을 담그고 또 물메기 배를 갈라 말리느라고 겨울 한철이 바빴습니다.

물메기로 온 섬이 들썩거릴 즈음은 마침 김장철이기도 했습니다. 배추김치는 청각을 넣어 담갔고, 무김치에는 볼락어 새끼를 통째로 넣었습니다. 무김치가 푹 익으면 볼락의 껍질과 살은 그대로 있는데, 몸속의 뼈는 다 삭아서 전혀 찾아볼 수 없게 되었습니다. 그러면 말캉말캉해진 그놈을 통째로 입에 넣고 우적우적 씹어 먹었습니다.

그해 우리 집 김장은 마을 사람들 덕에 담글 수 있었습니다. 배추와 무뿐 아니라 고춧가루, 마늘, 갓 따위와 볼락과 청각까지 이 집 저 집에서 조금씩 나눠 주었습니다. 사람들의 정이 들어간 김치라 그랬는지 유난히 맛이 있었습니다. 친정어머니 말로는 밤에 보초를 서던 보충병들이 몰래 꺼내 먹곤 해서, 자고 나면 항아리 속 김치가 눈에 띄게 줄어들곤 했다 합니다. 아닌 게 아니라 내 혀끝도 아직 그 김치 맛을 기억합니다.

지금은 볼락도 귀한 것이 되어서 통영에서도 그런 김치를 담그는 집이 별로 없습니다. 민서를 가져 입덧을 할 때 그 무김치가 얼마나 먹고 싶었는지 모릅니다. 남해의 외딴 섬, 그 쓸쓸한 바닷바람과 파도 소리와 사람들의 정이 담겨 있던 그 무김치…….

바닷물처럼 채워진 시간

뭍으로 이사해 떳떳한 1학년이 될 수 있는 날이 다가오고 있었습니다. 아버지가 통영 시내로 발령을 받았기 때문입니다. 부모님은 진짜 초등학생이 되니 가방을 사 주마고 약속하였지만, 제 마음은 울적하기만 했습니다. 통영 시내로 사람을 실어 나르던 동해호가 세상에서 제일 큰 배인 줄 알았는데 바로 그 동해호를 타고 섬을 떠나야 하는 것입니다. 동해호가 오는 날이면 우리 집에 올 손님이 없는데도 마냥 설레며 선창가로 뛰어나가곤 했는데 이제 그럴 수도 없게 되었고, 예배당에 갈 수도 없게 되었고, 판돌이와 말순이와도 헤어져야 하며, 공민학교 언니들과도 놀 수 없다는 것을 알았습니다. 태어나 처음 겪는 이별이었고 처음 느끼는 큰 슬픔이었습니다.

그리고 모든 짐을 싸서 섬을 떠나는 날이 되었습니다. 동해호에 오르기 위해 작은 배에 올라타던 기억이 또렷합니다. 선창가에서 사람들이 손을 흔들어 주었고, 그 가운데 몇몇은 울었고, 저도 울었습니다. 작은 배가 뱃머리를 섬에서 바다로 돌릴 때, 섬도 따라 돌고 있었습니다. 선창가도 돌고, 지서도 돌고, 고등공민학교도 돌고, 샘터도 돌고, 구판장도 돌고, 동백나무숲도 돌고, 섬 꼭대기 예배당까지 우리를 보지 않기 위해 돌아앉고 있었습니다. 동해호에 오르고 나서도 섬만 쳐다보았는데, 동해호 뒤로 하얗게 부서지며 밀려나는 바닷물이 모든 기억마저 뒤로 뒤로 보내고 있었습니다.

뭍에 올라와 하얀 손수건을 달고 다시 1학년이 되었습니다. 통영 시내에서는 내로라하는 역사를 가진 명문학교였지만, 학교생활은 생각보다 재미있지 않았습니다. 이미 배운 것을 다시 배우니 괜히 모든 것이 시들했습니다. 이웃집 담장 너머 핀 동백꽃을 보면, 섬이 더 그리워지곤 했습니다.

심심하고 아무렇지 않은 날이 계속되다가, 섬에서 소포가 하나 날아왔습니다. 공민학교 언니 한 명이 섬에서 만든 김다발과 말린 물메기를 부쳐 왔습니다. 그 김과 물메기를 먹으며 우리 식구는 얼마나 행복해 했는지 모릅니다. 정전이라도 되는 밤이면, 작고 깜깜한 전세방에서 어머니와 우리 삼남매는 섬 이야기를 하고 또 하였습니다. 이듬해에 자가발전으로 섬에 전기가 들어왔다는 소식이 날아오고, 또 이런저런 소식이 올 때마다 며칠 동안 행복해지곤 했습니다. 하지만 섬과 우리 식구를 갈라놓던 바닷물처럼 시간이 섬과 우리를 갈라놓으면서 편지가 뜸해졌습니다. 저도 학교에서 반장을 맡을 정도로 뭍에 어울리는 초등학생이 되어 갔습니다.

세월은 점점 더 섬과 우리 식구를 멀어지게 했습니다. 하지만, 우리 식구 모두에게 섬은 언제나 특별했습니다. 제게는 고소공포증과 아름다운 기억을 함께 남긴 섬이 되었고, 남동생에게는 다리에 큰 화상을 남긴 섬이 되었습니다. 남동생은 펄펄 끓는 가마솥 물에 왼쪽 다리를 데어서 고생을 많이 했습니다. 애기 아빠가 된 지금도 동생의 다리에는 그 흉터가 남아 있습니다. 섬이라 큰 병원에 갈 수도 없어서 연고 하나로 그 큰 상처를 치료할 수밖에 없었습니다. 지금도 친정어머니는 아파서 잠 못 이루는 동생을 밤마다 업어야 했던 기억을 떠올리곤 합니다.

남동생의 화상 치료가 아니더라도, 지금 제 나이쯤이었던 젊은 어머니에겐 섬 생활이 쉽지 않았을 것입니다. 하지만 섬 이야기를 할 때마다 어머니의 얼굴은 환하게 바뀝니다. 섬에서 기르던 흑염소가 새끼를 잘 쳐 돈을 좀 만져 보았다는 이야기를 하거나, 그해 김장 이야기를 할 때면 더없이 행복한 미소를 지으십니다. 아버지는 두미도 바로 옆에 있는 욕지도에서 경찰관 정년을 마치고 퇴임을 하였습니다. 저도 직장을 다닐 때 여름 휴가차 욕지도까지는 가 보았으나 두미도에는 가 보지 못했습니다. 가지 않은 것이 잘한 것인지 아닌지는 잘 모르겠습니다. 모든 것이 달라졌을 터인데 너무 낯설면 어떡하나 걱정 아닌 걱정을 하기도 했습니다.

오늘밤 꿈에라도

서울에서 대학을 다니고 직장을 다닐 때 차와 사람들 사이에서, 높은 건물 사이에서 헛헛한 마음이 들었던 것은, 아마도 그 섬과 너무 멀리 떨어진 탓이었을 것입니다. 문학 공부를 하면서, 이별의 감정이나 바탕을 알 수 없는 그리움에 대해 누구보다 깊이 느끼고 이해할 수 있었던 것도 그 섬을 떠날 때 느꼈던 이별과 그리움의 감정이 어린 내게 너무 강렬했기 때문이었을 것입니다.

잠시 머물다 가는 이 세상, 비록 두 해밖에 안 되지만 그토록 아름다운 곳에서 살았던 것이 제게는 큰 축복입니다. 평범했을 어린 시절을 특별하게 만들어 준 그 섬에, 일찍이 자연과 식물을 보는 눈을 갖게 해준 그 섬에, 아들놈을 데리고 오늘밤 꿈에라도 가고 싶습니다. 일곱 살 단발머리 가짜 초등학생이 되어서…….

봄날은 흘러 어디로 가는가

산이마 푸르름이 마당까지 밀려옵니다. 갓 피어난 연둣빛 떡갈나무 잎은 꼭 한번 손을 대어 만지고 싶을 정도로 보들보들합니다. 눈으로 쳐다만 보아도 그 느낌을 다 알겠는데, 아마 민서의 엉덩이를 살짝살짝 만지는 그런 기분일 겁니다.

버겁게도, 봄은 너무 고요히 와 있습니다. 저 많은 꽃봉오리들이, 저 많은 이파리들이 소리를 지녔더라면, 축포 터지는 듯한 그 소리에 천지가 요란할 터인데…….

이건 진짜 오리지날 자연산이여

장이 서는 날은 버스를 타는 일부터 여느 날과 다릅니다. 모름지기 장날답게, 마을 앞 정류장에는 앞 마을 옆 마을 오랜만에 보는 얼굴들이 모여 있습니다. 5분이나 10분, 버스를 기다리는 그 짧은 시간에 누가 죽고 누가 시집을 갔으며 누가 자식을 버리고 보따리를 쌌는지 다 알게 됩니다. 무슨 꽃이 피었으니 무엇을 심어야 할 때인지 다 알게 됩니다. 여느 때는 종점인 광천부터 홍성까지 다 달려도, 많아야 다섯 명 탈까 말까 거의 빈 채로 다니는 버스입니다. 하지만, 장날이 되면 마을 어귀마다 반가운 얼굴들을 가득 싣고 장으로 장으로 어깨 으쓱, 하며 달립니다.

읍내에 도착하면 저는 마트라고 간판을 단 큰 슈퍼마켓부터 들릅니다. 변비가 있는 아들놈을 위해 장臟에 좋다는 요구르트를 삽니다. 우리 아들은 밖에 나가서 응아를 하면 스타일이 구겨지는 걸로 아는지, 응아할 때를 놓쳐 변비가 되곤 합니다. 그래서 면소재지 농협 슈퍼에서는 팔지 않는, 텔레비전 광고에 나오는 비싼 요구르트를 꼬박꼬박 몇 묶음씩 사곤 합니다. 요구르트를 사고 나면 저는 얼른 난전으로 발걸음을 옮깁니다. 쾅쾅거리는 음악소리와 웅웅거리는 마이크 소리가 가득한 슈퍼에서는 마음이 어지러워 무엇을 사야 할지 갈피를 못 잡기 때문입니다. 반대로 난전에서는 조용하고 평화롭게 보고 즐기며 장을 볼 수 있습니다.

사지 않아도 눈요기만으로 즐거운 것이 얼마나 많은지……. 하늘매발톱, 금낭화, 로즈마리, 한련화, 애플민트, 난타나, 자스민……. 화분을 가득 늘어놓은 작은 식물원 구경을 하고 나면 'TV 출연 중인 핸드페인팅' 예쁜 그릇도 실컷 구경합니다. 건널목 이쪽은 모종을 파는데, 건널목 저쪽은 어린이옷과 속옷이 주렁주렁 매달려 있습니다. 층층이 물건을 나누는 백화점은 도저히 흉내조차 낼 수 없는, 자유롭고도 편하며 정다운 매장 배치입니다.

밑지는 장사 없는 법이라, 난전의 아주머니들은 남길 것을 셈한 후에 값을 부를 것입니다. 설령 바가지요금을 불렀다손 치더라도 제 눈에는 슈퍼보다 난전의 물건이 더 싸고 싱싱해 보입니다.

숫기 없는 저는 물건 값을 잘 깎지 못하지만, 아주 가끔은 생각지도 않게 깎을 때가 있습니다. 두릅순의 모양이 너무 예뻐서 한참 쳐다보다가 무심코 값을 물어봅니다. 살 마음이 없으니 "비싸네요"라고 한마디 던지고 나서 좀 더 구경을 합니다. 두릅순만 보고 있는 저를 흥정 잘하는 살림꾼으로 알았는지, 아주머니는 깎을 수 없다는 표정으로 말합니다.

"이건 진짜 오리지날 자연산이여. 향 좀 맡어 봐유. 자, 자."

그리곤 코 밑까지 바구니를 들이미는 겁니다. 그쯤 되면 구경하는 일이 부담스러워져 살짝 웃으며 발걸음을 다른 곳으로 떼놓습니다. 그러면 두세 발짝도 못 가서 이천 원이 싹둑 깎입니다. 아마 살 마음이 있었으면 제값 다 주고 샀을 것인데, 뜻밖에 물건 값이 깎이고 보니 제 마음도 그런대로 괜찮습니다. 글쎄요. 사지 않을 사람을 붙잡아 물건을 판 아주머니가 득을 본 것인지, 제값 주고 살 것을 싸게 산 제가 득을 본 것인지는 잘 모르겠지만…….

몇 가지 나물을 사고 나면 제 발걸음은 어물전으로 향합니다. 친정인 통영의 어물전이나 시댁인 서산의 어물전에 비하면 작은 어물전이지만, 그래도 바다 냄새를 맡으러 꼭 들릅니다. 살아 꿈틀거리는 바지락과 우럭과 주꾸미를 보고 나서야 장날에 나온 기분을 다 채울 수 있습니다. 덤으로 붙는 즐거움이 하나 더 있는데, 아줌마라는 호칭에 이미 익숙해진 저에게 아가씨라는 기분 좋은 호칭을 붙여 주는 곳이 어물전이기도 합니다.

무조건 오천 원

어물전 옆에서 우리 식구가 좋아하는 찐빵을 사고 나면 그날 장은 다 본 셈입니다. 하지만, 가장 즐거운 일이 하나 더 남아 있는데, 버스 정류장 구경입니다. 물건 구경은 끝났고 이제부터 사람 구경을 하는 것입니다. 요즘엔 정류장에서 보낼 시간을 적어도 이삼십 분 정도 따로 떼어 둡니다. 처음엔 무심코 버스만 기다렸는데, 기다리면서 찬찬히 사람들을 살피는 재미를 알게 되었습니다.

시골 아주머니라 해도 장날에는 되는 대로 대충 걸치고 나오지 않습니다. 장날에 대한 예의일 것입니다. 도시 사람처럼 멋있게 잘 차려 입은 분들도 더러 있고, 옷은 대충 입었어도 신발만은 뾰족 구두를 신은 분도 있습니다. 유행이 지났어도 레이스 달린 블라우스를 예쁘게 입은 분도 있습니다.

가끔 버스 정류장에서도 뭔가를 파는 분들이 있습니다. 이번에는 한 아저씨가 키토산 파스를 팝니다.

"쑤시고 결리는 관절염에 키토산과 게르마늄을 섞어 만든 파스, 시판 전에 홍보용으로 싸게 나왔습니다. 열 개에 만 원인 것을 특별 할인가, 특별 할인가, 열다섯 개에 오천 원에 드립니다. 자, 써 본 사람이 다시 찾습니다. 여기 전화번호도 있으니까, 이상이 있으면 전화하십시오."

아저씨가 앵무새처럼 얼마나 잘 외는지, 버스를 기다리면서 저는 그만 그 문구들을 다 외고 말았습니다.

'특허 받은 파스'를 파는 아저씨 뒤로 민서의 그림책에 나오는 소방차가 삐뽀삐뽀 지나갑니다. 한 무더기 무조건 오천 원, 바나나를 파는 차도 지나갑니다. 빨갛고 싱싱한 토종닭 두 마리에 무조건 오천 원, 알몸으로 변한 토종닭을 잔뜩 실은 차도 지나갑니다. 무조건, 무조건…….

그러니까 무조건이라는 말은, 산골짜기 홀로 사는 할머니가 사더라도, 아기 업은 새댁이 사더라도, 낮술 한잔 걸친 아저씨가 사더라도, 군수님이 사더라도 국회의원님이 사더라도 조건을 따지지 않고 똑같이 팔겠다는 말입니다. 세상 어디에 그렇게 고마운 배려가 있을 수 있겠습니까. 참 고마운 말입니다.

"애기 엄마는 어디 가유?"

바나나 차와 닭고기 차를 보며 생각에 잠긴 저에게 누군가 말을 붙여옵니다.

"난 은하 가는디……. 차가 언제 올라나."

이건 심심해서 붙여 오는 말이 아니란 걸 몇 번의 경험으로 잘 압니다. 글을 모르는 할머니들이 버스 오면 가르쳐 달란 부탁을 그렇게 대신하는 것입니다. 가르쳐 드리겠다는 대답을 드리고 나면, "그류. 고맙네" 하고는 달리 다른 말을 붙여 오지 않는 것만 보아도 알 수 있습니다.

"어엄마아."

졸라 대는 아이의 목소리에 제 눈길은 또 그곳으로 향합니다. 민서보다 한두 살 많아 보이는 여자 아이가 기다리다 지쳤는지, 자꾸만 금붕어 가게로 들어가자고 엄마를 졸라 댑니다. 엄마는 아이의 투정에 지친 듯한 표정입니다. 그 모습을 보고, 장바구니에 담긴 딸기를 몇 알 꺼내어 아이에게 건네주고 싶은데 먹다가 옷에 물이 들면 아이 엄마가 싫어할 것 같아 저는 또 망설이고만 있습니다. 아이의 마음과는 상관없이 무심한 햇살은 아이의 원피스를 타고 내리며 예쁜 빛깔만 뽐내고 있습니다. 장날 오후 세 시쯤 되었을 것입니다.

그렇게 가고 있는 봄날에

오후 세 시였는지, 참 헛헛하다고 느낀 순간이 자주 있었습니다. 익숙한 곳이면서도 제가 있는 곳이 도저히 어디인지 알 수 없는 것 같았고 '그래서 내 인생이 어디로 흐른단 말인가?' 하고 혼자 멍해지던 때가, 그런 순간이 있었습니다. 스물여덟, 스물아홉 그즈음이었을 것입니다. 사무실 앞에는 커다란 백화점이 있었고, 붕붕거리는 차 소리가 열어 둔 창문으로 날아 들어왔고, 컴퓨터의 숨소리는 여전히 끊이질 않고……. 그때 저는 무엇을 꿈꾸며 살아야 할지, 어디로 가야 할지 모르고 있었습니다.

그러다가 예닐곱 해를 더 산 다음에, 시골의 한 장날, 작은 버스 정류장에서 아주 편안한 얼굴로 앉아 있는 저를 느끼게 되었습니다. 아하, 그 헛헛함. 있어야 할 곳에 있지 않아서 느껴야 했던 그 막연한 헛헛함이 비로소 이해가 되었습니다. 제가 있어야 할 곳은 압구정동의 사무실이 아니라, 이 작은 버스 정류장임을 알았습니다.

얼굴도 머리 모양도 손도 허리도 엉덩이도 끝내는 그들의 삶마저도 다 둥글둥글, 둥글어진 아주머니들. 그분들이 제가 그토록 찾았던 저의 모습이란 걸 알았습니다. 그런데 싫지 않았습니다. 맨 처음 세상에 왔을 때처럼 작고 가볍게 오그라든 할머니들. 그분들도 저의 모습이란 걸 알았습니다. 그리고 참 마음에 들었습니다.

한때는 누구보다 자유롭고 성공하고 자랑하며 살고 싶었습니다. 하지만 그 욕심을 붙잡고 있었을 때 얼마나 힘겨운 나날들을 보내었던지……. 버티다 버티다 끝내 지쳐서 욕심의 끈을 탁 놓아 버렸을 때, 이상하게도 오히려 더 가벼워지고 자유로워졌으며 떳떳했습니다. 지금은 고요히 기도하고, 곡식을 키우며, 설레는 마음으로 닷새에 한 번 장날을 오가고, 저 아주머니들이나 저 할머니들처럼 늙어 갈 수 있다는 희망이 참 자랑스럽습니다.

봄날은 갑니다. 새삼스러울 것도 없이……. 그렇게 가고 있는 봄날에 저는 아주머니들과 할머니들의 아득히 흘러가 버린 봄날을 생각합니다. 집집 추녀마다 제비가 집을 짓던, 복사꽃 살구꽃이 찬밥 그릇에도 분분하던, 저녁 어스름 밥 짓는 연기가 집집마다 하얗게 피어오르던, 신작로도 경운기도 없던 그이들의 봄날 말입니다.

숱한 봄은 그만 흘러가고 없습니다. 그리고 한사코 또 흘러가 버릴 것입니다. 금붕어 가게에 들어가자고 조르던 아이가 자라서 엄마가 되고, 아이의 투정을 받아 주던 엄마는 주름 자글자글한 할머니가 되고, 또 그런 할머니를 꿈꾸는 저는…….

장날 버스 정류장을 두고서 이 땅에서의 삶은 그렇게 덧없이 흘러갈 것입니다. 그러니 고마운 일입니다. 잠시 머물다 가는 인생이라도 있어야 할 곳이 어디인지, 살다가 묻혀야 할 곳이 어디인지 알게 되었다는 것은…….

들꽃 앨범

버겁게도, 봄은 너무 고요히 와 있습니다.

저 많은 꽃봉오리들이

저 많은 이파리들이

소리를 지녔더라면

축포 터지는 듯한

그 소리에

천지가 요란할 터인데….

통영의 작은 섬 두미도에 살던 시절, 남동생과 친구 희란이와 함께 섬의 지서 앞에서 사진을 찍었습니다. 초등학교에 입학하기 전 2년 동안 두미도에서 살았던 시간은 평화로운 삶이 무엇인지, 아름다운 자연이 어떤 것인지 몸으로 마음으로 배울 수 있었던 축복의 시간이었습니다.

홍성군 문당리 홍성 환경농업교육관에서 일하며 잠시 산 적이 있습니다. 저는 남해의 작은 섬에서, 민서는 충청도 시골에서 유년을 보냈습니다. 자연이 살아 있고 사람 사이의 정이 살아 있는 그곳에서 우리는 더없이 건강하고 평화롭게 자랄 수 있었습니다.

민서에게 아빠는 세상에서 가장 닮고 싶은 사람입니다. 힘도 세고 못 다루는 기계도 없고 농사라면 못하는 일이 없기 때문입니다. 네 살배기 민서는 심장의 구멍이 자연치유된 뒤로 아빠랑 논둑 밭둑을 함께 걸어 다니고 들판을 뛰어다니며 건강하게 자랐습니다.

기계를 좋아하는 민서는 경운기만 보면 경이로움을 감추지 못했습니다. 탈탈탈탈 뱃심 좋게 울리는 경운기 소리도 좋아했고 빨간 불빛을 내는 경고등도 신기하게 바라보았습니다. 빨리 어른이 되어 경운기를 몰고 황금빛 가을 들판을 달리고 싶은 소망을 가졌을 것입니다.

홍성은 농촌이면서 서해 바다가 가까이 있는 어촌이기도 합니다. 민서가 서해 갯벌에서 아주머니를 흉내 내며 조개를 캡니다. 눈썰미가 좋아 설명해 주지 않아도 무엇을 어떻게 해야 하는지 눈치로 금방 알아차리고 따라합니다. 그렇게 홍성의 산과 들이, 바다가, 그리고 이웃들이 민서를 키웠습니다.

오늘도 민서는 집 앞의 배추밭을 둘러봅니다. 농작물은 주인의 발자국 소리를 듣고 자란다고 하는데, 우리집 채소와 곡식들은 민서의 발자국 소리를 들으며 자랐습니다. 아빠의 부지런함을 닮아 늘 부지런하게 마을을 돌아다니던 민서를 저는 '이장님'이라고 부르곤 했습니다.

홍성 환경농업교육관에서 살던 시절, 민서를 키운 사람은 엄마가 아니라 이웃 어르신들이었습니다. 아기가 없던 마을에 민서는 재롱둥이였고 어르신들은 잼잼과 도리도리를 가르쳐 주며 친할머니, 외할머니가 되어 주셨습니다. 마을에 하얀 천기저귀가 내걸린 것만 보아도 사람 사는 것 같다며 좋아해 주셨습니다.

민서는 이웃 어르신들로부터 사랑을 넘치게 받았습니다. 어르신들의 품 안에서 자연스럽게 사랑을 배웠기에 다른 사람을 사랑하고 배려해 주는 것을 따로 가르치지 않아도 되었습니다. 동생도 잘 보살피고 저보다 약한 사람을 보면 언제든 배려해 주고 사랑해 주었습니다.

도시로 전학 온 민서. 이번에는 도시 스타일에 맞게 젠틀맨 춤을 추었습니다. 교내 학예회에서 당당히 독무로 박수갈채를 받았습니다. 민서의 끼를 지켜본 도움반 선생님이 민서의 코디네이터도 되고 매니저도 되어서 민서를 연예인으로 변신시켜 주었습니다.

ⓒ 꿈이 자라는 뜰

ⓒ 꿈이 자라는 뜰

홍성의 초등학교에서 다양한 방과후 활동을 했습니다. 원예수업을 하며 꽃과 채소를 길렀고 그렇게 기른 채소로 요리도 하였습니다. 어떤 때는 정원사로, 어떤 때는 요리사로, 어떤 때는 화가로, 어떤 때는 연주자로……. 다양한 교육 환경이 민서의 꿈을 무럭무럭 키워주었습니다.

세 살바기 민서의 걸음은 불안했습니다. 비록 다른 아이들처럼 빨리 자라지 않는다 하여도 민서의 속도대로 자라나 험한 세상에서 중심을 잘 잡고 바르게 걸어주기를 기도했습니다. 그리고 다운증후군 아이들을 위해 작은 학교를 만들고 싶다는 꿈을 꾸기 시작했습니다. 민서가 가져다준 꿈이었습니다.

작은 꿈이었지만 꿈을 품으니 현실이 되었습니다. 같은 꿈을 가진 장애아 부모들과 만날 수 있었고 마음을 모을 수 있었습니다. 그렇게 해서 홍성군에 장애아동 치료센터 도담도담이 문을 열었습니다. 다운증후군 아이들뿐 아니라 발달장애를 가진 모든 아이들이 행복한 교육을 받게 되었습니다.

그래도 콩깍지

초판 발행일 | 2003년 12월 13일
개정판 발행일 | 2014년 9월 24일

지은이 | 추둘란
펴낸이 | 유재현
출판감독 | 박수희
편집 | 강주한
마케팅 | 장만
디자인 | 박정미
인쇄·제본 | 영신사
종이 | 한서지업사

펴낸 곳 | 소나무
등록 | 1987년 12월 12일 제2013-000063호
주소 | 412-190 경기도 고양시 덕양구 현천동 121-6
전화 | 02-375-5784
팩스 | 02-375-5789
전자우편 | sonamoopub@empas.com
전자집 | http://cafe.naver.com/sonamoopub

책값 12,000원

ISBN 978-89-7139-823-4 03810

소나무 머리 맞대어 책을 만들고 가슴 맞대고 고향을 일굽니다.